日本のしきたり和のこころ

―歳時記に込められた知恵とたしなみ―

辻川牧子

KKロングセラーズ

はじめに

　お正月や夏休みを指折り数えて待っていた子どものころ、一年はゆっくり過ぎて行きました。大人になってからは、気ぜわしく暮らしているせいか、一年があっという間に経ってしまいます。

　かつての日本では、お祭りなどの行事をする日と、普段の仕事に励む日が、上手に組み合されて、メリハリのある生活がゆったりと営まれていたといわれています。

　本文では、昔の人々が大切にしてきた「年間の行事のしきたり」を中心に、季節のことばや歌などを取り上げました。

「しきたり」というと、堅苦しい印象を受ける方もいらっしゃるかと思います。実は私も、以前は肩が凝りそうな感じがして得意ではありませんでした。ただ、調べていくうちに、日々を心豊かに生き抜くためのヒントが含まれていることに気がつき、その良いところを活かしていきたいと願うようになりました。

ご先祖様たちが遺してくださった知恵の結晶ともいえる行事のしきたり。ささやかでも取り入れると、巡る季節の中にも自分の居場所が見つかるような感じがします。

この本が、四季を味わい、時を愛おしむ暮らしのお役に少しでも立てましたら、幸いでございます。

出版にあたり、皆様から大きなお力添えをいただきました。本当にありがとうございます。

平成二十八年十一月吉日

辻川牧子

＊旬の野菜や魚なども月ごとに載せていますが、南北に長い日本列島ですので、地域によってかなり違いがございます。一応の目安としてご覧ください。

＊本書のルビに関しましては、一般的な読みを使わせていただいております。

◆目次

六月

七月

十二月

一月

一月

一日	元日（がんじつ）
二日	書き初め（かきぞめ）
五日頃	小寒（しょうかん）
七日	七草（ななくさ）
十一日	鏡開き（かがみびらき）
第二月曜日	成人の日（せいじんのひ）
十五日	小正月（こしょうがつ）
十六日	藪入り（やぶいり）
二十日	二十日正月（はつかしょうがつ）
二十日頃	大寒（だいかん）

野菜　芹《せり》、水菜《みずな》（京菜）、小松菜、春菊、ほうれん草、白菜、牛蒡《ごぼう》、大根、長芋、長葱《ながねぎ》、慈姑《くわい》、蓮根《れんこん》、カリフラワー、ブロッコリー、冬キャベツ、芽キャベツ

魚介　鮟鱇《あんこう》、いなだ・はまち、きんき（喜知次）、金目鯛、こはだ・このしろ、鱈《たら》、平目、河豚《ふぐ》、鰤《ぶり》、寒鰆《かんさわら》、公魚《わかさぎ》、甘海老、伊勢海老、牡蠣《かき》、ずわいがに、寒蜆《かんしじみ》、海苔《のり》

果物　金柑《きんかん》、伊予柑《いよかん》、温州蜜柑《うんしゅうみかん》

花　水仙、蝋梅《ろうばい》、黄梅《おうばい》、寒牡丹《かんぼたん》、梅、寒椿《かんつばき》、木瓜《ぼけ》、山茶花《さざんか》

豊穣と新しい年の生命を授けてくださる年神様を迎えるお正月は、古くから最も大切な折り目とされてきました。一年の暮らしの平安を祈るしきたりが幾重にも重なり合って今日に伝えられています。

年神様から年の魂を一つずついただく数え年の考え方では、誰もが一歳年を取ったお正月。皆で集い、新年を迎えられた喜びをお祝いしました。

一月の別の呼び名「睦月《むつき》」は、仲良く、睦《むつ》み合うことからついたもの。おじいさんやおばあさん、お年寄りを囲みながら、ご先祖さまを偲《しの》び、自分たちのいのちの源を再確認する時でもありました。

「あけましておめでとうございます」の挨拶は、「ようこそ今年もおいでくださいました」「どうぞよろしくお願いいたします」という感謝や祈りとともに、お迎えした年神様に向けて述べられる祝福の言葉として誕生したといわれています。

旧暦で新年をお祝いしていた時代の元旦は立春の頃。厳しい寒さが峠を越し、生命が再び勢いを増す春の兆しが感じられる時期でした。「めでたい」は早春、植物の芽が出てくる「芽出度い」に由来するという説もあります。
新年を寿《ことほ》ぐ挨拶を和やかに交して、睦まじく年の始めをお祝いしましょう。

一日　元日　国民の祝日

元日の「元」は一番はじめの意味がありますので、元日は一月一日のこと。年と月と日の三つのはじまりでもあるため、元三《がんざん》とも呼ばれます。また、元旦の「旦」は地平線や水平線から太陽が昇る様子で、夜明けや朝を表し、元旦は、一年の最初の朝ということになります。

◆若水（わかみず）

新年の最初に井戸や川から汲む水を若水と呼びます。
その家の主か長男が早朝に汲んで、まず神棚や仏壇に供えました。この水を飲むと邪気《じゃき》が祓《はら》われて、若返るといわれていました。

水道の蛇口《じゃぐち》からでも、水への感謝を忘れずに汲めば立派な若水になると思います。蛇口という言葉は、水の神さまとゆかりの深い、水の見張り番でもある蛇の口のこと。水の恵みをたいせつにいただきましょう。

◆雑煮（ぞうに）

若水で作ります。もともとは、年神様にお供えしたお餅や野菜などを下げて調理しました。家族そろって、神様の力がこもったお雑煮をいただきます。

神様と一緒に食事をする神人共食《しんじんきょうしょく》の儀式でもあります。お箸は上の方を神様が、下の方を人間が使うため、両方の先が削られた両細の祝い箸を用いる地域が多いようです。

◆屠蘇（とそ）

屠蘇の風習は中国に始まったもの。日本では平安時代から、正式な宮中の行事になりました。「屠蘇」の意味は病を引き起こす鬼である「蘇《そ》」を屠《ほふ》る、退治するというもの。漢方薬の一種で、江戸時代になって庶民にも広まりました。薬局で売られている屠蘇散《とそさん》（山椒《さんしょう》・桔梗《ききょう》・肉桂《にっき》・白朮《びゃくじゅつ》・防風《ぼうふう》などを調合したもの）を日本酒やみりんに浸して作ります。一年の厄《やく》を祓《はら》い、延命長寿につながるとされ、身体が温まる薬酒です。

中国の風習にならい年少者から順に盃でいただきます。屠蘇器が無い場合は、お銚子など手持ちの酒器にお正月らしい飾りをつけても素敵です。

＊福茶（ふくちゃ）

若水で入れた年の初めのお祝い茶。地方によって入れるものは多少変わりますが、梅干しや結び昆布などが入った煎茶や玄米茶。その年の無病息災を願っていただきます。大福茶、大服など呼び名はいろいろあります。

＊「花びら餅」と「歯固《はがた》めの儀」

　平安の昔から宮中ではお正月、歯固めの儀が行われてきました。歯の根を固めて健康を増進するために、餅などの固いものを食べる行事です。歯固めは、長寿につながるものとされてきました。

　餅の上に重ねた赤い菱餅《ひしもち》の上に猪肉や鹿肉、大根、押し鮎などを載せて食されていたものがだんだん簡略化され、餅の中に食品を含んだ「宮中雑煮」と呼ばれるものになったそうです。それがさらに、「菱葩《ひしはなびら》」という、円《まる》くのした白い餅に、小豆の煮汁で赤く染めた菱餅を重ね、甘く煮た牛蒡《ごぼう》と白味噌をはさんで二つに折ったものになりました。牛蒡は押し鮎をかたどったもの。

　この菱葩をもとに、味噌餡《あん》仕立てでつくられたお菓子が「花びら餅」です。一般に広まるきっかけは、明治時代の初期、京都の裏千家の初釜《はつがま》（年始の茶会）で用いられてからといわれています。ほんのり甘い、新春を寿ぐ雅やかな和菓子です。

◆初詣（はつもうで）

一家の主が大晦日の夜、氏神様の社に籠《こも》って夜通し、新年の平安を祈った「年ごもり」の風習が、初詣の始まりといわれています。江戸時代には、その年の縁起が良い方角にある神社仏閣に詣でる陰陽道の影響を受けた恵方《えほう》参りが江戸や京、大坂で盛んになりました。明治時代になって鉄道が開通すると遠方の神社仏閣にもお参りする人が増えたそうです。

初詣は、現在住んでいる場所の氏神様に日頃の感謝をこめてお参りし、その後、崇敬する神社やお寺に参拝するのが良いとされています。神前や仏前ではいのちをいただいていること、お参りできる幸せにまず感謝し、お礼を述べ、お願いごとは「精進いたしますのでご加護を」とお祈りすると良いようです。

たいせつなことは神仏への感謝と敬意を忘れないこと。清々しい気持ちでお参りできるといいですね。

◆神社参拝

神様を祀る神聖な場所が神社です。その入口にあるのが鳥居。神域と日常の世界の境界を示すものです。ここから神域になりますので、気持ちを引き締めて、揖《ゆう》（背筋を伸ばし、腰を十五度ぐらい折ってするお辞儀）をしてくぐります。鳥居が複数ある場合は、その都度、揖をして進むと丁寧になります。

◆手水（てみず・ちょうず）

参道の脇の手水舎《てみずや》で、手や口を清めます。「手水を取る（使う）」と呼ばれています。『古事記』には、黄泉《よみ》の国から戻られた伊邪那岐命《いざなぎのみこと》が穢《けが》れを祓うために、水に浸かって禊祓《みそぎはらい》をされたことが書かれています。これを簡略化したともいわれているのが、この作法です。

水をたたえた水盤には「洗心」と刻まれていることがあります。柄杓《ひしゃく》で汲んだ水で手や口をきれいにしながら、「洗心」の言葉のように気持ちも清らかにして、神前に向かいます。

1

右手で柄杓を持ち、
水を汲んで左手から洗い清める

2

3

再び右手に柄杓を持ち、
左手のひらに水を受けて
口をすすぐ

4

もう一度左手を清める

5

柄杓を立てて残った水で
柄杓を洗い流し、元の場所に
柄杓を伏せて戻す

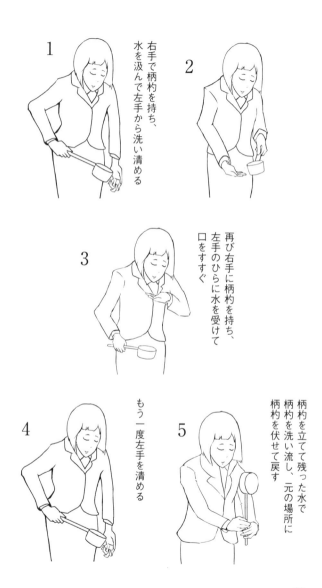

＊手水の作法

右手で柄杓を持ち、水を汲んで左手から洗い清め、次に左手に柄杓を持ち替えて右手を清めます。再び右手に柄杓を持ち、左手の手のひらに水を受けて口をすすぎます。さらに、もう一度、左手を清めてから、柄杓を両手で立てて残った水で柄杓の柄《え》を洗い流し、元の場所に柄杓を伏せて戻します。※水を汲《く》むのははじめの一回だけです。水は少しずつ大切に使います。また直接、柄杓に口を付けたり、水を飲んだりしないようにしましょう。

◆参道（さんどう）

参道の中央部は「正中《せいちゅう》」といい、神様がお通りになるところでもありますので遠慮して少し避けて歩きます（初詣などで混雑した時は神社の方の指示に従います）。

◆お賽銭（さいせん）

拝殿の前の賽銭箱にお賽銭を入れます。賽銭の「賽」という字は神様へのお礼を意味する言葉。日々暮らせることや、願い事がかなったことへの感謝をこめてお供《そな》えされるものです。

古くはお米をまく「散米」や、洗ったお米を紙に包んでお供えする「おひねり」が多かったようですが、次第にお金をお供えする「賽銭」になったそうです。

賽銭箱にお金を投げ入れることは、感謝のお供えに加え、身の穢《けが》れや災厄を祓う願いがこめられているともいわれていますが、極端に乱暴な所作は神前にふさわしいものではありません。投げ入れる時も、前の人にぶつけたりしないよう丁重な動きを心がけましょう。

鈴がある場合は、紐を引いて鈴を振り鳴らし、神霊を謙虚な気持ちで招きます。鈴の音には聖なる力があり、場を清め、邪を祓う働きもあるといわれています。

◆拝礼と拍手

いよいよ拝礼です。「二拝二拍手一拝」が作法とされています。

気持ちを落ち着かせ、姿勢を整えて神前に立ちます。背中を丸めずに、二度深いお辞儀（拝《はい》）をします。次に両手を胸の位置で合わせ、少し右手を下にずらし、肩幅ぐらいに両手を開いて、二回かしわ手を打ちます。

その後、両手をきちんと合わせ、日頃の感謝を込めてお祈りします。手を膝頭《ひざがしら》の方に下ろし、もう一度深いお辞儀をします。この「二拝二拍手一拝」の前と後に、軽いお辞儀の揖を一度ずつするとさらに丁寧になります。

「二拝二拍手一拝」以外にも、様々な拝礼の作法が昔からありました。現在も出雲大社や宇佐神宮では「二拝四拍手一拝」、伊勢神宮の神職は「八度拝八開手《ひらで》」で拝礼を行っています。

帰る時は、本殿に向かってお辞儀をし、鳥居を出る時も一礼します。

鳥居がいくつもある時は、その都度、本殿に向けてお辞儀をするとより丁寧になります。

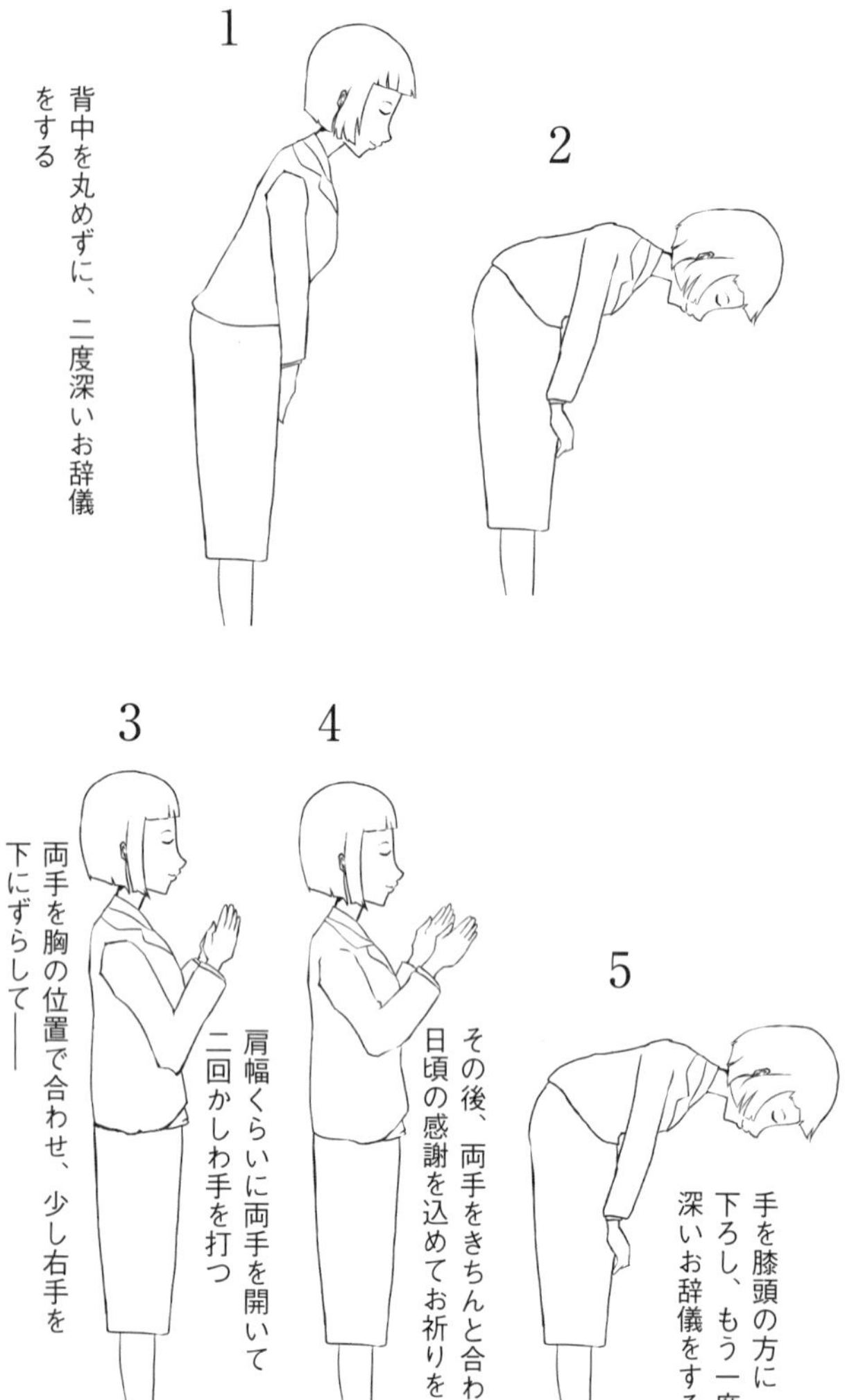
1
背中を丸めずに、二度深いお辞儀をする
2
3
両手を胸の位置で合わせ、少し右手を下にずらして——
肩幅くらいに両手を開いて二回かしわ手を打つ
4
その後、両手をきちんと合わせ日頃の感謝を込めてお祈りを
5
手を膝頭の方に下ろし、もう一度深いお辞儀をする

神様を畏《おそ》れ敬う気持ちで、日々生かしていただいていることに感謝しながらお参りするのが作法の基本です。神様に向かい、また自分の心にも向き合う貴重な時でもありますので、拝殿の前では、静かにお祈りしましょう。

＊お願い事をした時は、お願い事がかなったら、お礼のお参りも忘れずにしましょう。「かなっていない」と思えることも、実はその結果が、その人にとっては最善であることも。一所懸命に生きる人を見守ってくださる神様に、苦しい時は励ましていただき、うれしい時は一緒に喜んでいただくために昔から人々は感謝の念を持ち、神社にお参りしてきました。

◆昇殿参拝（しょうでんさんぱい）

昇殿参拝、正式参拝など名称は様々ですが、改まった参拝や赤ちゃんの初宮参りなどのご祈祷を希望する場合は神社の社務所に申し込みます。七五三など混雑する時期は、事前にホームページや電話で確認しておくことをおすすめします。

受付で「玉串料」をお納めしますが、のし袋にお金を包む場合の表書きは他に、「初穂料《はつほりょう》」、「御榊料《おんさかきりょう》」などがあります。

ご加護をいただけるように願い求めるご祈祷は神様に近い場所での神事ですので、できれば男性はスーツにネクタイ、女性もそれと同様の改まった服装で敬意を「かたち」にも表せるといいですね。

社殿の中では神社の方が案内してくださいます。少し緊張しますが、説明や指示がありますので安心してください。

＊初穂料と玉串料

その年に初めて収穫された稲穂などの穀物が昔から感謝をこめて神様にお供えされてきました。これが初穂料の由来です。野菜や果物、魚などの初物も「ありがとうございます」という気持ちをこめてお供えされてきました。現在では季節に関わりなくお金をお初穂としてお供えすることも多くなりました。玉串料や御榊料は榊などの常緑樹の小枝に紙垂《かみしで》と呼ばれる紙などを付けた玉串をお供えすることに由来しているそうです。

◆絵馬（えま）

古くから馬は神様の乗り物とされ、神様の馬は神馬《しんめ》と呼ばれます。この神馬を祈願やお祭りの時に奉納していたことが元になって現在の絵馬が誕生しました。生きた本物の馬から、木や土で作った馬になり、やがて絵に描いた馬になりました。

時代とともに絵の内容も大きさも変化してきましたが、願いを込める人々の気持ちは昔も今も変わらないようです。

◆おみくじ

おみくじは古くから、神様の意向を伺うために用いられてきました。種類も内容も神社によって様々です。吉凶にかかわらず、日々の暮らしの指針として活かしましょう。

＊おみくじの作法

●手水で心身を清め、神前にお参りした後、おみくじを引きます。大吉・吉・中吉・小吉・末吉・凶など、神社によって吉凶の順番は多少違います。家で読み返して今後の指針とするため持ち帰り、神棚に供えたり、きれいなところにしまって置いたり、お守りと同じように身につけたりすると良いそうです。

●神社によっては凶のみ、所定の場所に結び、他は持ちかえることを薦めています。それとは別に、縁結びの神様をお祀りする神社では吉も結ぶところがあるようです。いずれの場合も、**樹木や景観を守るため**勝手に境内の木々に結び付けず、指示されているところに結びましょう。

●凶を引いた場合、「どうしよう」とドキドキしたり焦ったりしますが、これも「神様のお諭《さと》し」と受けとめて今の自分を見直す機会にすれば、そこから良い方へ向かいます。凶のおみくじは利き手ではない手で結ぶという説があります。右利きの人でしたら、左手を使います。普段使わない手を用いる「難行」をすることで、お祓いになるそうです。

●神意を疑うことになるので、おみくじを引き直すのは良くないとする説の他に、「引いて戻せよ三度まで」と、おみくじを引き直して、出た吉を持ち帰るという説もあります。凶は割合からすると少ないので、もし三回立て続けに凶が出たとしたら、かなりの強運ということになるかもしれません。

凶だけでなく、自分にとって「不吉」と思われるものも結びつければ良いともいわれています。地面に立てた木や杭を通して「凶」や「不吉」なものを大地の聖なる他界に戻すという考え方があるそうです。

たいせつなのは、おみくじから生き方のヒントをいただくこと。謙虚に今の自分を見つめる機会にして、大吉が出たからと慢心せず、凶が出たからと落ち込まず、前向きに気づきを活かしていけるといいですね。

◆お札とお守り

神社では、様々なお札（神札）やお守りが頒布されています。お札もお守りも様々な種類がありますが、どちらも神様のお力をいただくものです。

お札には伊勢神宮（正式には「神宮」）の神宮大麻《じんぐうたいま》と各神社のご祭神のお札があります。ともに家の神棚にお祀《まつ》りしてご加護をいただきます。神棚がない場合は、神棚と同じように、目の高さより高い清浄な所に、東や南に向けてお祀りするのが良いそうです。

また、火伏せのお札は台所、盗難よけは玄関など、特化したお札はふさわしい場所に安置しますが、原則的にはどのお札も、一年間お守りいただいたことに感謝申し上げてから神社に納め、お正月を迎えるにあたって新しいお札と交換します。

年ごとに新しい霊力や生命力を更新していく日本古来の、ならわしに基づくものといわれています。

お守りはお札を身につけていられるように小型にしたものです。神様の霊力がこもったお守りを身につけることで、それぞれの目的を達することができると信じられてきました。お札と同じように一年を目安にしますが、願いがかなうまで身につけていても差しつかえないそうです。

役目を終えたお守りはお札と同様に感謝をこめて、神社の納札所に納めてお焚《た》き上げをしていただきます。願いがかなった時は忘れずにお礼のお参りをしましょう。引き続き、ご加護を願う時は新しいお守りを授与していただきます。

遠方の神社で授与されたお札やお守りは近くの神社に納めますが、その時は「遠方ですので地元で納めさせていただきます」とお祈りしましょう。お寺でいただいたものは、お寺にお返しします。

◆破魔矢（はまや）　熊手（くまで）

その年の干支《えと》が描かれた絵馬や鈴がついた破魔矢は御神矢とも呼ばれます。年の始めに、弓を競ってその年の作物の出来を占う年占神事や矢で魔を祓う儀式に由来する飾り矢で、破魔矢の「はま」は、古くは弓矢で射る的《まと》を意味する言葉だそうです。本来、弓矢は武器であると同時に、魔を祓う呪力があると考えられてきました。

一年間、神棚や床の間、玄関や鴨居《かもい》の上などに飾ります。清浄なところであればよく、お札と同じように古くなったものはお焚《た》き上げをしていただき、毎年新しくします。

江戸時代から明治時代の初年にかけて男の子の初正月に破魔弓と呼ばれる二張りの弓に矢を添えて贈る風習がありました。それが簡略になって弓だけが頒布されるようになったといわれています。ちなみに女の子の初正月のお祝いは羽子板でした。

酉《とり》の市で有名な熊手も、多くの神社で授与されます。落ち葉をかき集めるように、福をたくさんかき集めますようにと作られた熊手には千両箱やお福さんなどが飾りつけられています。

お正月や縁日に参拝者に授与され、飾っておくと神仏のご加護がいただけて縁起がいいといわれる縁起物。破魔矢も熊手も、この縁起物の一つです。恵比寿神社の福笹など各地に様々な縁起物が伝わっています。

◆お年玉（おとしだま）

子どもたちにとっては楽しみなお年玉。もともとはお金ではなくお餅でした。

年神様にお供えし、その力がこもった丸い小餅「年魂《としだま》」を下げて年少者に分け与えたものが起源とされています。年長者が年少の者に与えるものですので、お年寄りなど年上の方に差し上げる時は「お年玉」ではなく「御年賀」になります。

両親から子どもへ、また親戚の甥や姪、親しくしている友人や知人の子どもにポチ袋に入れて渡しますが普段のおつき合いにもよりますので、必ずしも渡さなければならないものではありません。

いただいたら、お礼をいう、すぐ開けずに親に伝える、無駄遣いをしないなど、子どもたちの礼儀作法やお金をたいせつにする習慣をつけるための躾《しつけ》の機会でもありますので、大人たちの配慮も必要になります。

◆初夢（はつゆめ）

いつ見る夢が初夢なのか、諸説あります。
元日の夜か二日の夜に見る夢を初夢とすることが多いようです。
初夢でその年の運勢を占う風習は中国から伝わりました。良い夢が見られるようにと室町時代ごろから、縁起が良い絵を枕の下に敷いて眠る習慣が広まったといわれています。そのころは、節分の夜に見る夢を初夢と呼んでいました。厳しい冬が終わり新しい春を迎える立春を年の始めと捉えていたからだそうです。

「なかきよの　とおのねふりの　みなめさめ　なみのりふねの　おとのよきかな」（長き夜の 遠の眠りの 皆目覚め 波乗り船の 音の良きかな）という上から読んでも下から読んでも同じになる回文《かいぶん》が添えられ、七福神が乗り、宝物などを満載した宝船の絵が江戸の町では売り歩かれて、初春の風物詩の一つになっていましたとか。

「一富士、二鷹、三茄子《なすび》」などがおめでたい初夢の順番といわれています。

◆七福神

平安時代の末頃から、恵比寿様や大黒様の信仰は広まっていましたが、恵比寿天《えびすてん》・大黒天《だいこくてん》・弁財天《べんざいてん》・毘沙門天《びしゃもんてん》・福禄寿《ふくろくじゅ》・寿老人《じゅろうじん》・布袋和尚《ほていおしょう》の「七福神」が勢ぞろいをしたのは室町時代の終わり頃といわれています。江戸時代の文化・文政期になると七福神巡りが人気を呼びました。

恵比寿天…風折烏帽子《かざおれえぼし》をかぶり、左脇に鯛を抱え、右手に釣竿を持つ恵比寿様は、もともと異境からやってきて幸福をもたらしてくれる神様とされていました。はじめは特に漁民の間で深く信仰されていましたが、しだいに農民や山の民にも田の神、山の神として崇《あが》められるようになり、町では商売繁盛の神様として祀られるようになりました。昔からの日本の神様です。

大黒天…打ち出の小槌を持つ、財宝・福徳・食物の神様。インドの荒々しい神様で寺院の台所などで祀られていたそうです。日本に伝わった後、「大国主大神《おおくにぬしのおおかみ》」の「大国」と「大黒」の音が通じることから習合して、もとの怒った表情から笑顔になり、福徳円満のお姿になりました。この大黒様と恵比寿様が一対で祀られるようになったのは室町時代の中頃からといわれています。

弁財天…弁天様は弁才天とも呼ばれます。琵琶を抱えた美しい女神で、七福神の中の紅一点。インド神話では大河の女神とされていました。仏教に取り入れられ、音楽や弁舌（知恵）の守護神として信仰されてきましたが、同じインド神話の美しい女神様である吉祥天《きっしょうてん》と次第に混同されて広まりました。才能や財宝を授けてくださいます。

毘沙門天…七福神の中で唯一つ、武将の姿をしておられます。仏教の守り神であり、戦勝の神。インドの神話では財宝の神様でしたが、中国では仏教の守護神で東南西北の四方を守る天部《てんぶ》の神に。四天王の一人で、知恵も優れた多聞天《たもんてん》とも呼ばれるようになりました。

福禄寿…長い頭と長いあごひげの福徳、人徳、長寿の神様です。中国の道教の教えから生まれた福の神。中国の人たちが人生の三大目的とする、子孫繁栄を表す「福」と、富貴繁栄の「禄」、そして健康長寿の「寿」の象徴です。

寿老人…鹿を連れ、経典を巻き付けた長い杖を持つ白髪の寿老人は、福禄寿と同様に中国の道教から生まれました。幸福と財宝と寿命を守ってくださる福の神様です。福禄寿と同一視されていた時期もありました。

布袋和尚…福耳で立派なおなか、大きな袋を持った笑顔の布袋様は、中国の唐の時代に実在した「契此《かいし》」というお坊さんがモデルです。不思議な力を持つ方で、人々から愛され、弥《み》勒菩薩《ろくぼさつ》の化身ともいわれました。福徳円満、福を招いてくださると尊崇されています。

◆貘《ばく》と夢のおまじない

貘は頭が獅子、鼻は象、胴体は熊、脚は虎、尾は牛、毛は黒と白の斑《ぶち》の想像上の霊獣で、悪い夢や病を食べてくれると思われていました。怖い夢を見た時には「貘さんにあげます」と繰り返し三回唱えるとか、「貘・貘・貘」といえば良いという、おまじないもあります。

悪い夢を見た時には南天《なんてん》の木を揺すると良いともいわれています。「南天」が、難を転じる「難転」につながるとか。

夢だけではありませんが、不吉なことを見たり聞いたりした時に「鶴亀・鶴亀……」と唱える縁起直しのおまじないがあります。困った時にお試しください。不思議に気持ちが落ち着きます。

◆吉夢の言い伝え

- 朝日が昇る夢を見ると立身出世する。
- 天に昇る夢は大成功をおさめる。
- 泥棒に入られた夢は意外な良いことがある。
- 月の光が明らかな夢は名誉を得る。
- 乗り物に乗る夢は慶びごとがある。

二日　事始め

二日は新年の事始めの日で、書き初《ぞ》めや商家では商い初めの初荷が行われます。昔の仕事始めは四日、九日や十一日のところが多かったそうです。

◆書き初め（かきぞめ）

その年の縁起が良いとされる方角（恵方）に向かって詩歌をしたためた平安時代の宮中の「吉書初め《きっしょはじ》」が一般に広まったもの。若水で墨をすり、おめでたい言葉を書きます。書いたものは、小正月に行われる火祭り（左義長《さぎちょう》やどんど焼きなど）で燃やします。燃える時に高く紙が舞い上がるとお習字の腕が上がると言い伝えられてきました。

最近は筆を持つ機会が少なくなりましたが、上手か下手かは別の問題として、新年の抱負や目標を書く、自分流の書き初めもお正月らしくて良いものです。お試しください。

・年始（ねんし）

年の始めに親戚や知人宅などに新年の挨拶に回り、おめでたい言葉をかわして新春を寿ぐ儀式です。

お正月に迎える年神様は祖先の霊でもあると考えられていましたので、農村では昔から本家に集まり先祖祭を行い、揃って新年を迎えて祝う習慣がありました。それぞれの家ごとに年取りの行事をするようになってから、新年のあいさつ回りが生まれたといわれています。

年神様を迎える年取りを重視して元日は静かに家に籠る日とされてきましたので、年始は二日以降に。松の内の間にお世話になっている方のところに伺います。近年、都市部では年始回りをする人が少なくなりました。

「御年賀」ののし紙をつけたタオルや菓子などの手軽な品を持参します。御歳暮を贈った方には品物を持参しなくても良いといわれていますが、最近はちょっとしたものを持っていく方も多いようです。松の内を過ぎてから伺う場合は「寒中御見舞」の掛け紙にします。事前に相手の都合を伺って出かけ、玄関先で挨拶をして帰ります。

◆お正月の期間

・三が日

一日・二日・三日の三日間のこと

・松の内

元旦から松飾りが飾られている間のこと。

松七日といい、七日までとする地域が多いのですが四日、六日、十五日までと地域によって様々です。江戸では当初十五日まででしたが、幕府が七日の朝に松飾りを取るように通達した最初の町触れ《まちぶ》が寛文《かんぶん》二年（一六六二年）に出されました。次第に江戸から関東に七日までを松の内とする風習が広まったといわれています。

この時期の江戸は北西の風が吹き、乾燥が続く頃ですので、防災上、正月飾りは燃やさず、七日の朝に集めに回る人に渡すようにという指示も出たそうです。現在の東京でも六日の夜か七日の朝に、松飾りを取る家庭が多いようです。

◆松飾り

松飾りは松の内が過ぎればはずし（松納め）、清浄な場所に保管して、どんど焼きや左《さ》義長《ぎちょう》（小正月の火祭）に出して燃やします。どんど焼きに出せない地域では、地域のごみのルールに従います。

私は半紙にくるみ、袋を別にして他のごみと分けて回収に出しています。

五日頃　小寒　二十四節気

寒の入り。いよいよ寒さが厳しくなってくる時期です。

＊寒紅（かんべに）

寒の間に製造される寒紅は質が良いと人気がありました。特に寒に入って最初の丑《うし》の日に、紅を買い求めることを「寒の丑紅《うしべに》」と呼び、良縁が得られると人気があったそうです。紅花《べにばな》(末摘花《すえつむはな》)から赤い色素を取り出して作る紅は、たくさんの量の紅花からでも、わずかしかできませんので、江戸時代、「紅一匁金一匁《べにいちもんめ》」といわれるほど高価でしたとか。多くの女性にとって、心ときめく憧れの品だったようです。

明治時代になって中国産の紅花が輸入されるようになり、化学染料も普及して、「紅色」のお化粧は誰の手にも届くものになりました。

現在でも、山形産の紅花を使って玉虫色に輝く、昔ながらの紅を製造販売している老舗もあります。興味のある方は「寒紅」をお試しください。

七日　七草

七日は「七日正月」ともいわれ、大切な日とされてきました。

七日の朝、七草粥を食べると万病と邪気が祓われて、長寿になるといわれています。

◆七草粥《かゆ》

古代中国の習俗が伝わったもので、日本のならわしとも結びついて「七草粥」になりました。平安時代の宮中では中国同様に七草の菜を汁に入れていたそうですが、やがて粥に入れるようになりました。江戸時代になって幕府が七日を五節供の一つ「人日《じんじつ》の節供」とし、七草粥でお祝いしたことから、一般にも広まったといわれています。

六日の昼間に春の七草（せり・なずな・ごぎょう・はこべら・ほとけのざ・すずな・すずしろ）を摘んでおき、囃子歌《はやしうた》を歌いながら、包丁で音を立てながら賑やかに刻み、その周りで子どもたちが台所の道具を打ち鳴らしたりしたそうです。

音を出すのは農作物に害を与える鳥を追い払う「鳥追い」の儀式の要素が入っているためで、新年の健康と豊作を祈る行事です。六日の夜や七日の早朝に刻み、七日の朝、お粥にしていただいていたようです。

昔は旧暦でしたので七草が手に入りやすかったのですが、それでも七種すべて入れることは少なかったとか。我が家では、市販の七草セットを購入することもありますが、たいていは、その時に冷蔵庫にある三つ葉や小松菜などの青菜を用い、炊飯器のお粥メニューで作っています。

お正月のご馳走が続いて疲れた胃腸にやさしいお粥。春のいのちの芽吹きをいただく知恵が温かいお椀の中に込められていますので、無理をせず、できる範囲の七草粥でお祝いしましょう。

◆七草囃子《ばやし》

「七草なずな　唐土《とうど》の鳥が　日本の土地に渡らぬ先に　…」が共通して唱えられることが多く、その後「…七草たたく　すとんとんすととん」や「…あわせてぱったぱた　ぱったぱたのぱったぱた」など、リズミカルな言葉が続きます。

◆七草

セリ…日本原産。強い香りがあります。清水の湧き出るところに競《せ》り合って生えることから、この名が付いたという説があります。

ナズナ…「ペンペン草」とも呼ばれ、道端や土手など日当たりの良い場所に生えます。

ゴギョウ…ハハコグサとも呼ばれます。全体が白い毛におおわれ、春になると黄色い小さな花を茎の先にたくさんつけます。昔は草餅にも使いました。

ハコベラ…ハコベともいいます。別名「ヒヨコ草」。先に小さな白い花が咲きます。ヒヨコや小鳥も喜んで食べます。昔から薬草としても親しまれてきました。

ホトケノザ…コオニタビラコのことで、田や畦などに自生。葉が田の面に放射状に平らに広がり、春、黄色い花が咲きます。

スズナ…蕪《かぶ》のこと。

スズシロ…大根のこと。

■五節供《せっく》（五節句）について

五節句は江戸幕府が式日として決めた、**人日**《じんじつ》（一月七日）・**上巳**《じょうし》（三月三日）・**端午**《たんご》（五月五日）・**七夕**《しちせき》（七月七日）・**重陽**《ちょうよう》（九月九日）です。中国の習俗を取り入れて宮中で続けられてきた五節会《ごせちえ》の行事をもとに、日本の農耕の風習などを取り入れて定められたものといわれています。

もともと、節句は「節供」。「節」は季節の折り目、「供」は供え物のことで、季節の変わり目の大切な時に、神様にお供えをしてお祭りをしたことから節供と書かれていました。今でも、節句にはその時々の「節供」となる行事食が作り続けられています。

区切りの意味を持つ「句」の文字が使われるようになったのは室町や江戸時代からだそうです。旧暦ですと、だいたい現在の暦から一月半前後遅くなりますので、人日は、初春。上巳は春、端午は夏、七夕は初秋、重陽は秋になります。

五節句のうちの人日を除き、あとは同じ奇数（陽の数字）と奇数が重なる日です（一月一日は年始として別格の扱いになっています）。

昔の中国では陽と陽が重なると陰が生じると考えられ、邪気を祓うために、季節の植物から生命力をもらう行事が行われたそうです。明治六年に五節句の制度は廃止されましたが、現在でも年中行事として五節句のしきたりは、かたちを変えながらも続けられています。

農村では節句の日は仕事を休みました。皆が一斉に休む日に普段怠けている人が、これ見よがしに働くことを「怠け者の節句働き」といったそうです。

十一日　鏡開き

神様にお供えしていた鏡餅を下げ、割ってお雑煮やお汁粉にしていただきます。神霊が刃物を嫌うとされますので、刃物を使わずに木槌や手で割ります。「割る」や「砕く」といわずに「開き」。これには開運への願いも込められています。

もともとは二十日の正月納めに行われていましたが、江戸時代に幕府が鎧冑《かっちゅう》に供えていた具足《ぐそく》餅を食べる「具足開き」を十一日に定めたことから、この日になりました（二十日が三代将軍家光公の月違いの命日になったためといわれています）。

十一日は商家で蔵開きが行われる日でもありました。主君と家臣、主人と従者、家族も一同揃ってつながりを深める機会にもなっていたそうです。

鏡餅にこもる年神様の力を皆でいただきながら、家族の円満と新年の良い運勢を招きましょう。乾燥させて保存しておいた鏡餅やお正月に神棚に供えた餅を六月一日に「歯固め」として食べる習慣もあります。体力を消耗しやすい夏に向けて固い鏡餅を食べることで歯を丈夫に保つためとも、命を蘇らせるためともいわれています。

小さく割ったものをよく乾燥させて保存し、必要な時に油で揚げて、塩やカレー粉、チーズなどを振り「揚げおかき」にすると、おいしいおやつやおつまみになります。

第二月曜日　成人の日　国民の祝日

奈良時代以降、貴族の子息は冠を初めてつける元服、「加冠《かかん》の儀《ぎ》」によって成人になりました。冠婚葬祭の「冠」は、この加冠の儀に由来するといわれています。武士の世界では冠に代わるものとして烏帽子《えぼし》を着用して元服を祝いましたが、次第に簡略化し、月代《さかやき》を剃るものになっていきます。元服は時代により、階層により様子は異なりますが、成人の髪型や服装に代わるだけでなく、幼名から大人の名前になる重要な儀式でした。

これまで、子どもとして社会から保護されていたものから、社会を支える側になることを意味しますので、結婚することも可能になりますが、責任を果たす力も問われます。だいたい男子は十五歳前後で成年式が、女子は初潮を迎える十三歳前後で、髪上げや裳着《もぎ》などの成女式が行われました。

儀式のかたちはさまざまでしたが、一人前として認めてもらうために満たさなければならない基準は年齢だけではなく、仕事、地域の行事や助け合い、家…それぞれの場で働き手として周囲の人たちを支える力があるか、大人としての自覚がそなわっているかどうかも重視されていました。霊山への登山など、試練を超えて初めて一人前と認められる地域もありました。

現在の成人式は終戦直後、虚脱状態にあった青年たちを励まそうと現在の埼玉県蕨《わらび》市で行われた成年式が直接の始まりになっています。食料を始めとする物資が足りない厳しい時代でしたが、「人材」も乏しく、新しい良い国家をつくるためには国民自身が成長していかなければと考えられたそうです。

そこで昭和二十三年に、「成人になったことを自覚し、自ら生き抜こうとする青年を祝い励ます日」として「成人の日」が一月十五日に定められました。

もともと元服や裳着など、成人となる儀式は宮中や貴族社会では一月五日までに、武家社会では一月十一日までに行われていたそうです。国民全体の休日とすることから、これらの日を避け、元日から離れた松の内のこの日が選ばれました。

その後、制定されたハッピーマンデー制度により、平成十二年（二〇〇〇年）から一月の第二月曜日になっています。振袖を成人式に着る習慣は、一部の地域を除いて一九六〇年代の高度成長期以降のことといわれています。

※一人前

庶民の世界では、性的な成熟を祝う、男子は「褌祝《ふんどし》い」、女子は腰巻をつける「湯文字《ゆもじ》祝い」をしてもらい、これまで所属していた子ども組から、若者組や娘組に移り、それぞれ学び、鍛えられて、大人への歩みを進める地域が多かったようです。

生活していくための力も重視されていました。大阪の山沿いの村々では約六十kgの柴を背負って十二㎞くらい歩いて売ってくることが男の人の基準。その売り上げで、五、六人家族が一日に必要なお米が三升買えたことから、「山家《やまが》の三升」という一人前の男の人を表す言葉があったそうです。

田植えや草取りなどの農作業での基準は男女ともにあり、女性にはほかに縫物や機織りなどの基準も地域ごとにありました。

※大人しい（おとなしい）

平安時代の記録には、当時の資格の一つだった四尺五寸の身長に達して、加冠の儀を受けた藤原氏の子息たちのことが書かれたものがあるそうです。

条件はそれだけでなく、知識の面でもありました。九歳で大乗経を読み、十歳で論語、漢書などを学び、十二歳では晴御会《はれのぎょえ》で笛を吹き、観音経などを読めるなどです。

こうした教養を、すでに七、八歳で身に着けていると、よくものを知っているという意味で「大人しい」とされたそうです。年齢的には、子どもですが、物事を察して気難しくない状態になっているとみなされました。これがのちに、大人しい＝温和《おとな》しいとなったという説があります。

十五日　小正月

中国の太陰太陽暦（新月を一カ月の始まりとする）が取り入れられる前の我が国では、満月（望月）を一カ月の始まりとしていました。六世紀から七世紀初めごろ太陰太陽暦が導入された後も、古くからのお正月行事が以前のお正月の始まりであった十五日に残ったといわれています。

一月一日を中心とした「大正月《おおしょうがつ》」に対して、一月十五日を「小正月《こしょうがつ》」とし、今でも家族の無病息災を祈るものや、豊作をお祈りする儀礼が伝えられています。

また、大正月《おおしょうがつ》を「男正月《おとこしょうがつ》」(男性が行事の中心になりましたので)、十五日を「女正月《おんなしょうがつ》」と呼び、女性の骨休めの日にする地方もあります。

十五日の朝は、家族の健康を祈って小豆粥《あずきがゆ》を作りいただきます。

◆左義長(さぎちょう)

小正月の一月十五日前後に行われる火祭りで、左義長だけでなく、「どんど焼き」や「さいと焼き」など地域によってさまざまな呼び名があります。

お正月に飾った門松やしめ飾り、古いお札や書き初めなどを神社やお寺の境内などに持ち寄って燃やします。燃える煙に乗って、年神様が天にお帰りになると考えられてきました。

この火で焼いたお餅や団子、芋などを食べると厄除けになり、書き初めの紙が高く燃え上がるとお習字の腕前が上達するという言い伝えがあります。

十六日　藪入《やぶい》り

一月十六日と七月十六日は、住み込みで働く商家の奉公人や、嫁に行った女の人が里帰りを許されて実家で過ごす日でした。この日に神仏にお参りをしたり、お墓参りに行く風習があったそうです。全国的に、お正月とお盆はご先祖様が家に戻ってくると考えられていたようで、その時に合わせて実家に帰り、先祖を祀る行事に参加する意味があったのではといわれています。

二十日　二十日正月《はつかしょうがつ》

小正月に飾った餅花や繭玉《まゆだま》を下ろすことから「団子下ろし」「繭玉かき」ともいわれます。関西では、身はすでに食べてしまった年取り魚の鰤《ぶり》の骨や頭を、この日、お雑煮や煮物にして食べることから「骨正月」「頭正月《かしらしょうがつ》」ともいうそうです。お正月行事の納めの日になります。

二十日頃　大寒　二十四節気

一年で一番寒い季節。大寒の朝、汲まれた水は雑菌が少なく一年間おいても腐らないともいわれています。

小寒から十五日後が大寒で、大寒から十五日後が立春。小寒から立春までの三十日間を「寒《かん》の内《うち》」と呼び、寒さを利用した寒天づくりや日本酒、味噌の仕込みが行われます。

寒行《かんぎょう》や寒稽古《かんげいこ》もこの時期の風物詩になっています。寒さが続くとどうしても室内にこもりがちですが、帽子や手袋、マフラーに暖かい上着を身につけて散歩に出かけてみませんか。この季節ならではの、きれいな景色が見つかるかもしれません。

■季節のことば

夜の鶴（よるのつる）

「夜の鶴」は、厳寒の夜、鶴は自分の翼を広げて子を庇《かば》うことから、親の愛情の深さをいう冬の季語。同じような意味で、春の季語「焼野の雉（やけののきぎす）」があります。野を焼かれた雉《きじ》は我が身を捨てて子を庇うとか。「焼野の雉　夜の鶴」と使われることが多いようです。動物の親は健気ですね。

■季節のうた

・新しき年の始めの初春《はつはる》の今日降る雪のいや重《し》け吉事《よごと》　大伴家持《おおとものやかもち》

（新しい年の始めである、初春の今日の降る雪の降り積もるように、よいことよ、
ますます重なってくれ）

・めでたさも中ぐらいなりおらが春　小林一茶《こばやしいっさ》

・年の始《はじ》めの　例《ためし》とて　終《おわり》なき世《よ》の　めでたさを
松竹《まつたけ》たてて　門《かど》ごとに　祝《いお》う今日こそ　楽しけれ
『一月一日《いちげついちじつ》』文部省唱歌　千家尊福《せんげたかとみ》（第八十代出雲大社宮司）作詞

干支（えと）

今の私たちにも、なじみの深い干支。干支というと十二支を思い浮かべますが、もともとは十干（甲《こう》・乙《おつ》・丙《へい》・丁《てい》・戊《ぼ》・己《き》・庚《こう》・辛《しん》・壬《じん》・癸《き》）と十二支（子《し》・丑《ちゅう》・寅《いん》・卯《ぼう》・辰《しん》・巳《し》・午《ご》・未《び》・申《しん》・酉《ゆう》・戌《じゅつ》・亥《がい》）の組み合わせです。十干も十二支も中国では非常に古くから用いられてきました。

◉十干（じっかん）

月の満ち欠けによる一カ月を十日ずつのまとまり（一旬）で、上旬、中旬、下旬と分けます。その一まとめの十日を数える時に使われていたのが「甲・乙・丙・丁・戊・己・庚・辛・壬・癸」の十干です。日にちの呼び名でしたが、十二支と組み合わされて日・月、年を表す言葉になったといわれています。やがて陰陽五行とも結びつけて用いられるようになりました。「陰」と「陽」を陽である「兄（え）」と陰である「弟（と）」に見立てて干支のことを「兄弟（えと）」と日本では呼んでいます。

◉十二支（じゅうにし）

古代の中国の天文学の中で尊い星とされた木星が約十二年で太陽の周囲を一周することから、天空を十二分したもの。十二カ月の順番を表す呼び名でしたが、それぞれの方角に動物の名前を当てるようになり、後には月だけでなく、年や日、時刻、方角も表すようになりました。

・よく使う午前と午後は昼間の「午」を境目に分けられています。地球を南北に通る子午線《しごせん》も干支からきた言葉です。

〈時刻と十二支〉

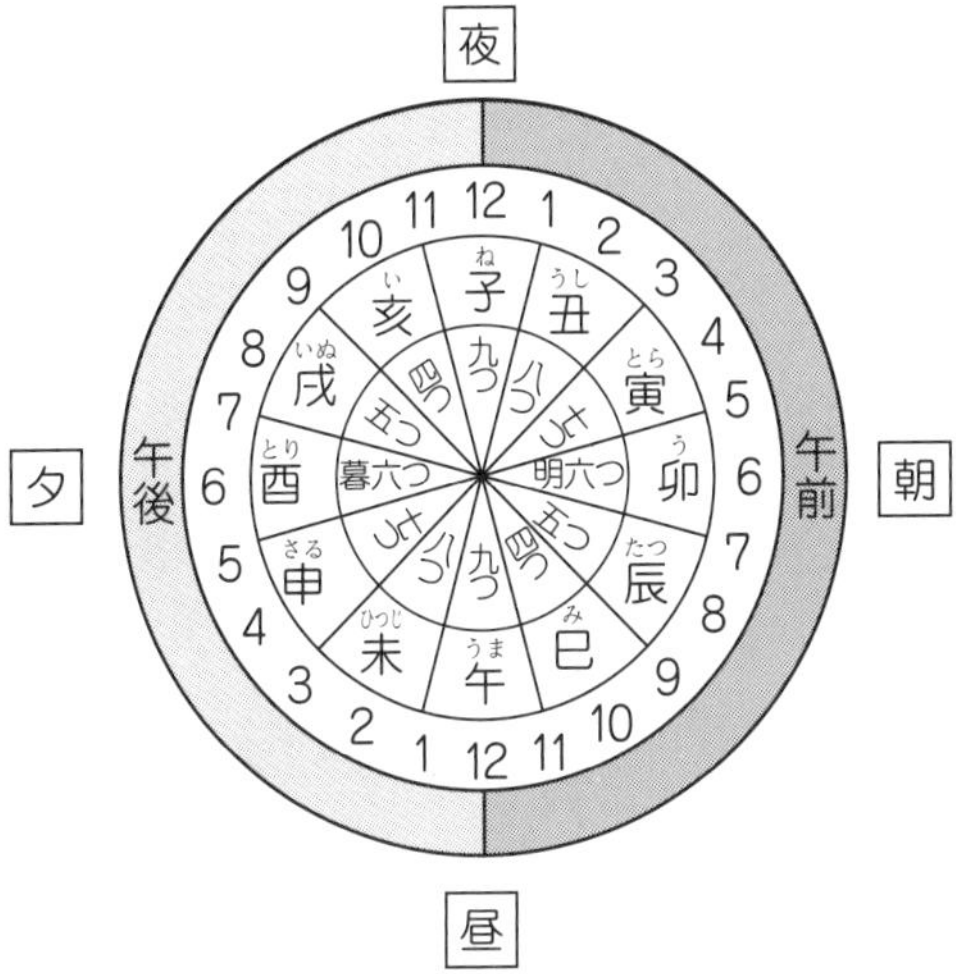

〈方位と十二支〉

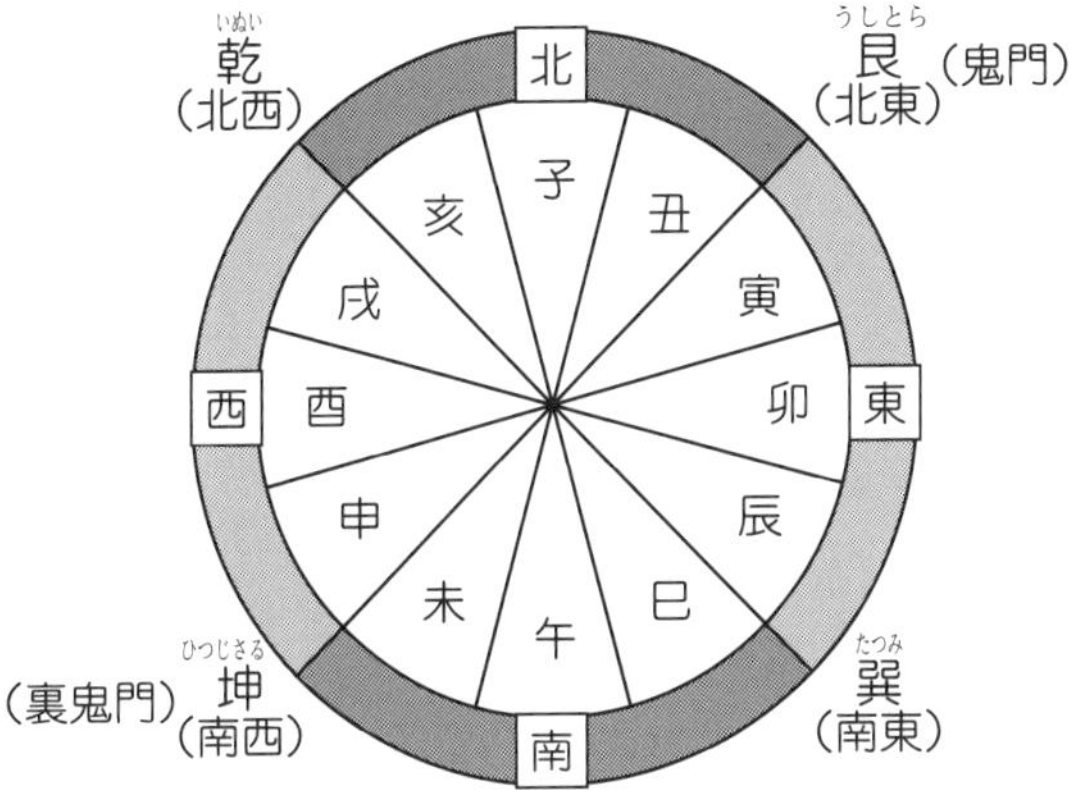

・十二支の動物の昔話

神様が動物たちを集め、その日最初についたものから順番に十二支を決めることに。猫は集まる日を忘れてしまったので鼠に尋ねたところ、鼠はわざと翌日を教えたのだとか。牛は足が遅いので前日から出発。その牛の背中に乗って行った鼠は集まる場所に着くなり飛び出して一着に。鼠が十二支の一番目、牛が二番目になりました。鼠の言葉を信じて一日遅れでやって来た猫は「顔を洗って出直せ」といわれ、十二支に入れてもらえません。以来、猫は鼠を追いかけるようになり、顔を洗う癖がついたとされています。

◉十干と十二支の組み合せ…干支

十干と十二支を組み合わせると、最初の「甲子」から最後の「癸亥」まで、六十の干支ができます。干支が六十年で一巡してくることから、満六十歳、(数え年で六十一歳)を還暦と呼んでお祝いします。

〈十干と十二支〉

五行・陰陽・十干

木《き》の		火《ひ》の		土《つち》の		金《か》の		水《みず》の	
兄《え》	弟《と》	兄《え》	弟《と》	兄《え》	弟《と》	兄《え》	弟《と》	兄《え》	弟《と》
▼	▼	▼	▼	▼	▼	▼	▼	▼	▼
甲《きのえ》《コウ》	乙《きのと》《オツ》（イツ）	丙《ひのえ》《ヘイ》	丁《ひのと》《テイ》	戊《つちのえ》《ボ》	己《つちのと》《キ》	庚《かのえ》《コウ》	辛《かのと》《シン》	壬《みずのえ》《ジン》	癸《みずのと》《キ》

六十干支

1 甲子《きのえね》《カッシ》	2 乙丑《きのとうし》《イッチュウ》	3 丙寅《ひのえとら》《ヘイイン》	4 丁卯《ひのとう》《テイボウ》	5 戊辰《つちのえたつ》《ボシン》	6 己巳《つちのとみ》《キシ》	7 庚午《かのえうま》《コウゴ》	8 辛未《かのとひつじ》《シンビ》	9 壬申《みずのえさる》《ジンシン》	10 癸酉《みずのととり》《キユウ》
11 甲戌《きのえいぬ》《コウジュツ》	12 乙亥《きのとい》《イツガイ》	13 丙子《ひのえね》《ヘイシ》	14 丁丑《ひのとうし》《テイチュウ》	15 戊寅《つちのえとら》《ボイン》	16 己卯《つちのとう》《キボウ》	17 庚辰《かのえたつ》《コウシン》	18 辛巳《かのとみ》《シンシ》	19 壬午《みずのえうま》《ジンゴ》	20 癸未《みずのとひつじ》《キビ》
21 甲申《きのえさる》《コウシン》	22 乙酉《きのととり》《イツユウ》	23 丙戌《ひのえいぬ》《ヘイジュツ》	24 丁亥《ひのとい》《テイガイ》	25 戊子《つちのえね》《ボシ》	26 己丑《つちのとうし》《キチュウ》	27 庚寅《かのえとら》《コウイン》	28 辛卯《かのとう》《シンボウ》	29 壬辰《みずのえたつ》《ジンシン》	30 癸巳《みずのとみ》《キシ》
31 甲午《きのえうま》《コウゴ》	32 乙未《きのとひつじ》《イツビ》	33 丙申《ひのえさる》《ヘイシン》	34 丁酉《ひのととり》《テイユウ》	35 戊戌《つちのえいぬ》《ボジュツ》	36 己亥《つちのとい》《キガイ》	37 庚子《かのえね》《コウシ》	38 辛丑《かのとうし》《シンチュウ》	39 壬寅《みずのえとら》《ジンイン》	40 癸卯《みずのとう》《キボウ》
41 甲辰《きのえたつ》《コウシン》	42 乙巳《きのとみ》《イツシ》	43 丙午《ひのえうま》《ヘイゴ》	44 丁未《ひのとひつじ》《テイビ》	45 戊申《つちのえさる》《ボシン》	46 己酉《つちのととり》《キユウ》	47 庚戌《かのえいぬ》《コウジュツ》	48 辛亥《かのとい》《シンガイ》	49 壬子《みずのえね》《ジンシ》	50 癸丑《みずのとうし》《キチュウ》
51 甲寅《きのえとら》《コウイン》	52 乙卯《きのとう》《イツボウ》	53 丙辰《ひのえたつ》《ヘイシン》	54 丁巳《ひのとみ》《テイシ》	55 戊午《つちのえうま》《ボゴ》	56 己未《つちのとひつじ》《キビ》	57 庚申《かのえさる》《コウシン》	58 辛酉《かのととり》《シンユウ》	59 壬戌《みずのえいぬ》《ジンジュツ》	60 癸亥《みずのとい》《キガイ》

・甲子園

甲子園球場は大正十三年、甲子の年に完成しました。壬申《じんしん》の乱、戊辰《ぼしん》戦争や辛亥《しんがい》革命などその年の干支が名づけられたものが数多くあります。

・丙午（ひのえうま）

六十干支の第四十三番目の「丙午」の丙も午も五行説では火の気。「火」が重なるためこの年の生まれの人は気性が激しいとされ、特に女性は夫の寿命を縮めるという迷信が江戸時代に広まりました。これは恋のために放火をし、火刑になってしまった「八百屋お七」の物語のお七が丙午の生まれとされたことが始まりといわれています。井原西鶴の『好色五人女』や歌舞伎、落語などで有名な八百屋お七ですが、創作の部分が多く、モデルになった実在の女性は、はっきりとは特定できていないようです。

二月

二月

三日頃　節分（せつぶん）

四日頃　立春（りっしゅん）

初めの午の日　初午（はつうま）

八日　事始め（ことはじめ）　針供養（はりくよう）

十一日　建国記念の日（けんこくきねんのひ）

十九日頃　雨水（うすい）

野菜

菜の花、蕨《わらび》、蕗《ふき》の薹《とう》、からし菜、芹《せり》、水菜《みずな》（京菜）、小松菜、春菊、ほうれん草、白菜、牛蒡《ごぼう》、冬キャベツ、蓮根《れんこん》、カリフラワー、ブロッコリー

魚介

鮟鱇《あんこう》、金目鯛、白魚《しらうお》、平目、寒鰆《かんさわら》、河豚《ふぐ》、公魚《わかさぎ》、青柳《あおやぎ》、浅蜊《あさり》、寒蜆《かんしじみ》、蛤《はまぐり》、甘海老《あまえび》、牡蠣《かき》、ずわいがに、海苔《のり》

果物

金柑《きんかん》、伊予柑《いよかん》、文旦《ぶんたん》、デコポン、八朔《はっさく》、日向夏《ひゅうがなつ》

花

梅、なずな、仏の座、福寿草、菜の花、藪椿《やぶつばき》、万作《まんさく》、水仙、蝋梅《ろうばい》、木瓜《ぼけ》、寒椿

立春を迎えても寒さはまだ続きますが、空の色は明るくなります。少しずつ近づく春の訪れを心待ちにする季節です。

三日頃　節分

節分は年に四回ある季節の分かれ目で、立春、立夏、立秋、立冬のそれぞれの前日を示す言葉です。かつて一年は春から始まると考えられていましたので、立春の前日は大晦日に相当する特に重要な日とされてきました。

古代の中国では「追儺《ついな》」という疫病や災害などを打ち払う行事が大晦日の夜に行われていました。鬼の面をかぶった人を弓矢で射って追い払うまねをするものです。日本に伝わり、平安時代の宮中で大晦日の夜に盛んに行われました。これが、もともとあった古来の風習と融合し、やがて、立春の前夜に豆をまくかたちになっていったといわれています。

豆まきをして一年の厄《やく》や災《わざわ》いをきれいに祓《はら》い、新しい春を迎えましょう。

◆豆まき

夜、家から鬼（邪気）が出ていくようにと、あらかじめ家中の戸を開け「鬼は外、福は内」と大きな声で叫びながら大豆を煎った「福豆」をまきます。

まき終わったら、鬼が戻らないように、福が逃げないようにすばやく音を立ててしっかり戸を締めます。

その後、自分の年齢の数、もしくは年齢に一つ加えた数の福豆をいただきます。

豆をまく人は、家庭では一家の主人が主ですが、神社やお寺では厄年の人、年男、年女など様々です。

鬼を祀った神社では「鬼は内、福は内」というところも。また、「鬼は外」だけの地域もあります。

東京の浅草寺では、観音様がいらっしゃる境内に鬼はいないということで「千秋万歳福《せんしゅうばんせい》は内」と唱えます。

◆福豆（ふくまめ）

五穀豊穣《ごこくほうじょう》という言葉がありますが、この五穀は米、麦、粟《あわ》、黍《きび》または稗《ひえ》、豆のこと。古くから、日本人の命を支えるたいせつな食べものであり、聖なる力「穀霊《こくれい》」が宿るとされてきました。特に米は重視されて来ましたが、次いで重きが置かれていたのが豆。この豆の力で疫病や災害の象徴である鬼を打ち払います。煎った豆を節分にまく習慣は室町時代ごろには定着し、江戸時代には庶民の間にも広まっていたそうです。

豆を畑にまくようなしぐさで豆まきをしますが、これには新しい春からの豊作を祈る心が込められているといわれています。

＊家にまいた豆は拾って食べます。料理に使ってもよいので、余った大豆と一緒にお味噌汁やカレーに入れても美味しくいただけます。大豆と梅干しを入れたお茶、福茶もおすすめ

です。

◆鰯《いわし》に柊《ひいらぎ》

焼いた鰯の頭を刺した柊を戸口に飾ります。鬼は鰯の臭いが嫌いで、柊の尖った葉で目を刺されることを怖がるとか。悪い鬼を追い払うおまじないです。このことから「鰯《いわし》の頭《あたま》も信心《しんじん》から」ということわざが生まれました。

◆鬼

よく「鬼門《きもん》」という言葉を使いますが、この鬼門は陰陽五行説からきている言葉で、鬼が住むとされる北東、「丑寅《うしとら》」の方角を指します。この丑寅から、鬼は牛のような角を持ち、虎の毛皮を腰に巻いている姿で表現されるようになりました。桃太郎の鬼退治のお供は猿と雉と犬。これは鬼が住む北東の丑寅の正反対に位置する南西から始まる申《さる》・酉《とり》・戌《いぬ》の干文で選ばれたといわれています。

◆恵方巻《えほうま》き

「福を巻き込む」太巻き寿司を、「縁を切らないよう」丸のまま、その年の恵方（年神様・歳徳神が宿る、おめでたい方向）に向かって黙って食べるというもの。

発祥は江戸時代の終り頃の大坂の船場という説もありますが、定かではありません。

一九七七年に大阪の海苔問屋さんの組合が販売促進のためのイベントを道頓堀で開き、マスコミに取り上げられたのが広まったきっかけだそうです。

その後コンビニエンスストアが売り出し、全国的になりました。縁を切らないために丸ごと食べるそうですが、「丸かじりすること」は「お猿さんなど獣のすること」と子どもたちに教えていた昔の人が目撃したら、びっくりするかもしれません。

四日頃　立春　二十四節気

暦の上では今日からが春。新しい四季の始まりです。冬至と春分の中間に当たる日でもあります。二十四節気では一番初めの節で、一年の起点になります。八十八夜、二百十日、二百二十日などは立春から数えた日にちです。立春から春分までの間で、最初に吹く強い南風を春一番と呼びます。

◆立春大吉（りっしゅんだいきち）

縦書きで「立春大吉」と書かれた厄除けのお札があります。四つの文字が左右対称で、表から見ても裏から見ても立春大吉と読むことができます。

入り口に貼っておくと、鬼が入ってきて振り返ると、同じように立春大吉と書いてあるお札が見え「まだ家に入っていないのかな」と錯覚して、逆戻りして出ていく…ちょっととぼけた楽しい説もあります。見るだけでも立春大吉は、おめでたい感じがしますね。

二月初めの午の日　初午《はつうま》

春の訪れを祝う稲荷神社のお祭りです。全国に三万社以上ある稲荷神社の総本社、京都の伏見稲荷大社に、和同四年（七一一年）の二月の初めの午の日に神様が降臨されたという言い伝えに由来します。

稲荷は「稲生り」「稲成り」ともいわれ、たいせつな五穀豊穣をつかさどる神様です。次第に漁業の豊漁、商売の繁盛の神様としても広く信仰されるようになりました。賑やかなことがお好きな神様なので赤い幟《のぼり》を立ててお祝いします。お神酒やお赤飯に、お使いが狐とされていますので狐の好物といわれる油揚げをお供えします。

◆信太寿司（しのだずし）

稲荷寿司を信太寿司とも呼びますが、これは信太の森の葛葉稲荷《くずのはいなり》の伝説に由来していま す。

昔、葛葉稲荷に日参していた安倍保名《あべのやすな》が一匹の白狐を助けました。この狐が葛の葉という名の美女に化け、保名と恋に落ち、女房となって子どもをなします。ところが、ある日その正体が知れてしまい、泣く泣く「恋しくば　たずね来てみよ　和泉なる　信太の森のうらみ葛の葉」と歌を遺して故郷の森に帰っていったというもの。よく歌舞伎などの演目になるお話です。遺された子どもが伝説では陰陽師の安倍晴明《あべのせいめい》とされています。

八日　事始め・針供養《はりくよう》

十二月八日と二月八日は、お正月をはさんで「事八日《ことようか》」と呼ばれます。地方によってどちらかを「事始め」、もう一方を「事納《おさ》め」といいます。「事」がお正月の神様をお祭りする神事を指す場合は準備を始める十二月八日が事納め、お正月の一連の用事がすべて終わる二月八日が「事納め」になります。

「事」が農事を示す場合は春の農耕が始まる二月八日が「事始め」、農事をお休みしてお正月準備に入る十二月八日を「事納め」としました。「事八日」のような境目の日は重要な日とされ、悪いものに出会わないよう仕事を休み、静かに家に籠って災いを避ける日でもありました。

日頃、針仕事で忙しい女の人たちも、この日は針を置いてお休み。いつもお世話になっている針に感謝して針供養をしました。針供養は折れたり、曲がったりして使えなくなった針を豆腐やこんにゃくに刺して、淡島《あわしま》神社に奉納するもの。川に流す地域もあります。江戸時代に始まった風習です。


昔は家族の着る物や寝具は、女の人が手縫いで作りましたので大変だったと思います。また、化学繊維や工場での大量生産ができるようになるまでは布地を手に入れることも容易ではありませんでした。糸を紡ぎ、機を織るのも女性の仕事。買うとしても、高価でしたので「小豆三粒包める布は捨てるな」といわれ、小さな古布も大事にしました。物を大切にした昔の暮らしを思いながら、針箱の片づけをしてみませんか。

十一日　建国記念の日　国民の祝日

国の始まりを祝う日。昭和四十二年から祝日になりました。『日本書紀』に「辛酉年の春正月の庚辰の朔に、天皇、橿原宮に即帝位す」と記されている神武天皇の即位の日を、西暦に換算すると紀元前六百六十年の二月十一日になるため、明治時代から、この日を紀元節としてお祝いするようになったそうです。

十九日頃　雨水　二十四節気

雪が雨に変わり、水が温む頃。雪や氷が溶け、草木の芽が出始めます。雪解（ゆきげ）は、雪がとけること。雪が溶けて川に流れこむ水を雪代というそうです。

日本にはその時期ごとの雪にまつわる言葉がたくさんありますね。

■雪の名前

初雪（はつゆき）その年の冬に初めて降る雪

風花（かざはな・かぜばな）空が曇り、吹き始めた風に乗って、舞い落ちる雪のかけらや霰《あられ》、霙《みぞれ》などのこと。また、遠くの降雪地から風に乗って飛んできたと思われる花びらのような雪のかけらのこと。

細雪（ささめゆき）こまかに降る雪。

六花（りっか・むつのはな）雪の結晶が六角形の枝に分かれた花のような形をしていることからついた雪の別名。

雪垂（ゆきしずり・ゆきしずれ）軒先や木の枝から雪が落ちること。また、その雪のこと。

牡丹雪（ぼたんゆき）ぼたゆき…雪の結晶が多く付き合って大きな雪片になって降る雪。牡丹の花びらのように降るからとも、ぼたぼた降るからともいわれています。

淡雪（あわゆき）春先などに降る、消えてしまいやすい雪。春の雪。

名残りの雪（なごりのゆき）春先まで消えずに残っている雪。春になってから降る雪。

◆厄年（やくどし）

科学が発達した現代でも、何となく気になるのが厄年です。一生のうちで、病気や災いに見舞われやすい年齢とされ、厄払いをするようになりました。

陰陽道に由来し、平安時代には厄払いが行われていたようですが、はっきりした根拠はわかっていません。一般に広まったのは江戸時代以降といわれています。時代や地域によって年齢はさまざまです。

現在、一般的には、数え年で男性は二十五歳、四十二歳、六十一歳、女性は十九歳、三十三歳、三十七歳、（六十一歳を加えるところも）です。中でも男性の四十二歳と女性の三十三歳は、大厄。特に慎むべき年齢といわれています。厄年の年を本厄、前後の年を準ずる年として前厄、後厄と呼びます。

もともと男性は四十二歳を迎えると、地域のお祭りなどでハレの役を務める年に達したとされ、身を清めて精進するしきたりがあったそうです。役目を果たす「役年」であったものが、四二（しに）の語呂の悪さから、「厄年」が生まれたという説があります。
女性の大厄の三十三歳は三三（さんざん）からともいわれています。厄年は現代の生活にもあてはまる人生の転換期であり、肉体的にも精神的にも調子を崩しやすい年齢といえます。

神社で厄払いやお寺で厄除けをしていただく方も多いと思いますが、地域によっては人を招いて厄落としの宴会を開くところや、小正月や節分などにもう一度雑煮を食べるなどしてお正月を二度祝い、一つ余計に年をとったとして厄を逃れる「年重ね」をするところもあります。

節分の夜、社寺に厄参りとして、厄落としのためにお参りをする地域もあるそうです。自分の年の数の豆を包んで捨てたり、身に着けている品をわざと落としたりするなどの方法があります。ウロコ模様や型押しのベルトなどを身に着けるのも良いといわれています。

季節のうた

・春立つといふばかりにやみ吉野の山もかすみて今朝は見ゆらむ

壬生忠岑《みぶのただみね》

・梅一輪一輪ほどのあたたかさ

服部嵐雪《はっとりらんせつ》

・春は名のみの　風の寒さや　谷の鶯《うぐいす》　歌は思えど

時にあらずと　声もたてず　時にあらずと　声もたてず

『早春賦《そうしゅんふ》』吉丸一昌《よしまるかずまさ》　作詞

暦

暦の訓読み「こよみ」は「日読み（かよみ）」に由来するといわれています。また、知徳のすぐれた天子や仏道に励んだ徳の高い僧侶などの尊称である「聖」を「ひじり」と読みますが、これは「日知り」からきた言葉という説があります。古来、暦はとても重要なものでした。

暦には、太陽の周りを一年かけて運行する地球の公転を基準にした「太陽暦《たいようれき》」や、月の満ち欠けをもとにした「太陰暦《たいいんれき》（太陰は天体の月のこと）」、太陽暦と太陰暦を組み合わせた「太陰太陽暦《たいいんたいようれき》」などがあります。

◉旧暦

月の満ち欠けを中心に作られた中国の太陰太陽暦が日本に伝わり、朝廷で正式に用いられるようになったのは飛鳥時代のことといわれています。以来、何度かの改暦を経て、明治六年（一八七三年）に現在の太陽暦（新暦）に変更されるまで使われ続けてきました。今、私たちが旧暦と呼んでいる暦は江戸時代後期に作られた天保《てんぽう》暦をもとにしたものです。

三日月ならば、三日。満月ならば、十五日。月の満ち欠けは目で見るとわかりやすいのですが、暦にすると季節と一致しない欠点がありました。月が地球の周りを回る周期は平均で約二十九・五日。三十日の「大の月」と二十九日の「小の月」をそれぞれ六カ月として一年が三百五十四日ほどに。太陽の周りを地球が回る三百六十五日に毎年十一日ずつぐらい足りなくなります。そこで、旧暦では二～三年に一度の割合で「閏月《うるうづき》」を設け、その一年は十三カ月ある年にして、不足分を調節しましたが、大小の月の並び方も毎年替わり、暦の日付が季節とずれていくなど使いづらいものでした。（例えば、江戸時代の

二百六十五年間の一月一日を現在の暦になおすと、早い年では一月二十日、遅い年では二月二十二日だったそうです）

◉二十四節気（にじゅうしせっき）

月の満ち欠けだけではわからない、季節の変化を知る手掛かりとして考案されたのが二十四節気です。黄道《こうどう》（地球から見た、太陽が移動する通り道）に合わせて一年間を十二の「節（せつ）」とその中間に十二の「中（ちゅう）」を設けて二十四に分け、それぞれの季節にあわせて名づけられました。約十五日ごとの季節の変化に対応できるように工夫されています。

この二十四節気は古代中国の当時の文化の中心地であった黄河流域で誕生しました。二十四節気の中で特に重要なのが「二至二分《にしにぶん》」と呼ばれる冬至と夏至、春分と秋分です。この四つを軸に、その中間点にそれぞれの季節の初めとなる立春・立夏・立秋・立冬の四立《しりゅう》が配されています。毎年、同じ時期に同じ節気が巡ってきますので、農業作業など目安にもなり、季節を知るよりどころとして広まりました。日本の気候風土に合わせて手直しされ、時候の挨拶など、現在の私たち暮らしの中でも使われています。

◉七十二候（しちじゅうにこう）

約十五日ごとの二十四節気をさらに細かく三等分したものが七十二候です。

こちらも古代の中国で考案されました。気象、獣や鳥、魚や昆虫、草木などの変化で季節の移り変わりを伝えています。現在使用されているものは、日本に合わせて手直しされたものです。

〈二十四節気と七十二候〉

季節		二十四節気	本朝七十二候	新暦の日付（頃）
春	初春《しょしゅん》	立春《りっしゅん》 2/4頃	東風解凍（はるかぜこほりをとく）	2/4～2/8
			黄鶯睍睆（うぐひすなく）	2/9～2/13
			魚上氷（うをこほりをいづる）	2/14～2/18
		雨水《うすい》 2/19頃	土脉潤起（つちのしょううるほひおこる）	2/19～2/23
			霞始靆（かすみはじめてたなびく）	2/24～2/28
			草木萌動（さうもくめばえいづる）	3/1～3/5
	仲春《ちゅうしゅん》	啓蟄《けいちつ》 3/6頃	蟄虫啓戸（すごもりむしとをひらく）	3/6～3/10
			桃始笑（ももはじめてさく）	3/11～3/15
			菜虫化蝶（なむしてふとなる）	3/16～3/20
		春分《しゅんぶん》 3/21頃	雀始巣（すずめはじめてすくふ）	3/21～3/25
			桜始開（さくらはじめてひらく）	3/26～3/30
			雷乃発声（かみなりすなはちこゑをはっす）	3/31～4/4
	晩春《ばんしゅん》	清明《せいめい》 4/5頃	玄鳥至（つばめきたる）	4/5～4/9
			鴻雁北（こうがんかへる）	4/10～4/14
			虹始見（にじはじめてあらはる）	4/15～4/19
		穀雨《こくう》 4/20頃	葭始生（あしはじめてしゃうず）	4/20～4/24
			霜止出苗（しもやんでなへいづる）	4/25～4/29
			牡丹華（ぼたんはなさく）	4/30～5/4
夏	初夏《しょか》	立夏《りっか》 5/5頃	蛙始鳴（かはづはじめてなく）	5/5～5/9
			蚯蚓出（みみずいづる）	5/10～5/14
			竹笋生（たけのこしゃうず）	5/15～5/20
		小満《しょうまん》 5/21頃	蚕起食桑（かひこおきてくはをはむ）	5/21～5/25
			紅花栄（べにはなさく）	5/26～5/30
			麦秋至（むぎのときいたる）	5/31～6/4
	仲夏《ちゅうか》	芒種《ぼうしゅ》 6/5頃	螳螂生（かまきりしゃうず）	6/5～6/9
			腐草為蛍（くされたるくさほたるとなる）	6/10～6/14
			梅子黄（うめのみきばむ）	6/15～6/20
		夏至《げし》 6/21頃	乃東枯（なつかれくさかるる）	6/21～6/25
			菖蒲華（あやめはなさく）	6/26～6/30
			半夏生（はんげしゃうず）	7/1～7/6
	晩夏《ばんか》	小暑《しょうしょ》 7/7頃	温風至（あつかぜいたる）	7/7～7/11
			蓮始開（はすはじめてひらく）	7/12～7/16
			鷹乃学習（たかすなはちわざをなす）	7/17～7/21
		大暑《たいしょ》 7/22頃	桐始結花（きりはじめてはなをむすぶ）	7/22～7/26
			土潤溽暑（つちうるほうてむしあつし）	7/27～7/31
			大雨時行（たいうときどきにふる）	8/1～8/6

季節		二十四節気	本朝七十二候	新暦の日付（頃）
秋	初秋《しょしゅう》	立秋《りっしゅう》 8/7頃	涼風至（すずかぜいたる）	8/7〜8/11
			寒蝉鳴（ひぐらしなく）	8/12〜8/16
			蒙霧升降（ふかききりまとふ）	8/17〜8/22
		処暑《しょしょ》 8/23頃	綿柎開（わたのはなしべひらく）	8/23〜8/27
			天地始粛（てんちはじめてさむし）	8/28〜9/1
			禾乃登（こくものすなはちみのる）	9/2〜9/6
	仲秋《ちゅうしゅう》	白露《はくろ》 9/7頃	草露白（くさのつゆしろし）	9/7〜9/11
			鶺鴒鳴（せきれいなく）	9/12〜9/16
			玄鳥去（つばめさる）	9/17〜9/22
		秋分《しゅうぶん》 9/23頃	雷乃収声（かみなりすなはちこゑをさむ）	9/23〜9/27
			蟄虫坏戸（むしかくれてとをふさぐ）	9/28〜10/2
			水始涸（みづはじめてかる）	10/3〜10/7
	晩秋《ばんしゅう》	寒露《かんろ》 10/8頃	鴻雁来（こうがんきたる）	10/8〜10/12
			菊花開（きくのはなひらく）	10/13〜10/17
			蟋蟀在戸（きりぎりすとにあり）	10/18〜10/22
		霜降《そうこう》 10/23頃	霜始降（しもはじめてふる）	10/23〜10/27
			霎時施（こさめときどきふる）	10/28〜11/1
			楓蔦黄（もみぢつたきばむ）	11/2〜11/6
冬	初冬《しょとう》	立冬《りっとう》 11/7頃	山茶始開（つばきはじめてひらく）	11/7〜11/11
			地始凍（ちはじめてこほる）	11/12〜11/16
			金盞香（きんせんくゎさく）	11/17〜11/22
		小雪《しょうせつ》 11/23頃	虹蔵不見（にじかくれてみえず）	11/23〜11/27
			朔風払葉（きたかぜこのはをはらふ）	11/28〜12/2
			橘始黄（たちばなはじめてきばむ）	12/3〜12/7
	仲冬《ちゅうとう》	大雪《だいせつ》 12/8頃	閉塞成冬（そらさむくふゆとなる）	12/8〜12/12
			熊蟄穴（くまあなにこもる）	12/13〜12/17
			鱖魚群（さけのうをむらがる）	12/18〜12/21
		冬至《とうじ》 12/22頃	乃東生（なつかれくさしゃうず）	12/22〜12/26
			麋角解（さはしかのつのおつる）	12/27〜12/31
			雪下出麦（ゆきわたりてむぎいづる）	1/1〜1/5
	晩冬《ばんとう》	小寒《しょうかん》 1/6頃	芹乃栄（せりすなはちさかふ）	1/6〜1/10
			水泉動（しみづあたたかをふくむ）	1/11〜1/15
			雉始雊（きじはじめてなく）	1/16〜1/20
		大寒《だいかん》 1/21頃	款冬華（ふきのはなさく）	1/21〜1/25
			水沢腹堅（さはみづこほりつめる）	1/26〜1/30
			鶏始乳（にわとりはじめてとやにつく）	1/31〜2/3

※年によって日付は前後します

◉新暦

明治五年（一八七二年）の十一月、近代化を進めていた明治政府は十二月三日から欧米と同じ太陽暦（グレゴリオ暦）を採用し、明治六年一月一日とするという発表をしました。準備期間がほとんどないまま、新しい暦である新暦に替わったため大きな混乱が起きました。民間に新暦が定着するまでに少し時間がかかりましたが、新暦を単純に一カ月遅らせて行事をする「月遅れ《つきおく》」などの工夫も生まれて、今日に至っています。

・明治改暦の裏話

明治維新で誕生した新政府にはあまりお金がありませんでした。明治六年が旧暦では閏月を含む十三カ月ある年だったため、公務員の月給を節約する目的で急いで新暦にしたという説があります。旧暦の十二月三日が一月一日になったことで、二日しか働いていない旧暦の十二月の分の月給も払わずに済み、閏月も無くなりましたので二カ月分を削ることができたそうです。財政難が新暦の採用を急がせましたが、新暦が合理的であることや日本の国際化のためには必要なこととして福沢諭吉を始めとする多くの学者たちは新暦の導入を支持したといわれています。

・太陽暦　ユリウス暦とグレゴリオ暦

「エジプトはナイルのたまもの」といわれたエジプトは毎年起こるナイル川の氾濫《はんらん》がもたらす肥沃な黒土が豊かな実りを生んで繁栄しました。恵みをもたらす氾濫ですが被害も出ますので、いつ起こるかを知る必要がありました。氾濫の時期を観察しているうちに、天文学も進んで、太陽暦が誕生しました。これをローマに持ち帰ったのがシーザー（ユリウス・カエサル）です。ローマ帝国ではこのエジプトの太陽暦を参考にして一年を三六五日と四分の一日とし、四年ごとに一日の閏日を設けるユリウス暦を紀元前四十五年に採用しました。ユリウス暦はヨーロッパで長く使われていきます。

一六〇〇年以上も使用されたユリウス暦を改正して、一年の長さを三六五・二四二五日とし、実際の一年との誤差をきわめて小さくしたものがグレゴリオ暦です。その誤差は三千年に一日程度といわれています。一五八二年ローマ教皇グレゴリオ十三世が制定し、現在、日本も含め世界の大半の国がグレゴリオ暦を用いています。

三月

三月
三日　雛祭り（ひなまつり）
六日頃　啓蟄（けいちつ）
二十一日前後　春分の日（春分の日）

野菜

菜の花、蕗《ふき》の薹《とう》、蕨《わらび》、土筆《つくし》、三つ葉、独活《うど》、蕪《かぶ》、韮《にら》、新玉葱《しんたまねぎ》、分葱《わけぎ》、
春キャベツ、明日葉《あしたば》、からし菜、水菜（京菜）、芹《せり》

魚介

さより、白魚《しらうお》、素魚《しろうお》、真鯛、甘鯛《あまだい》、鰊《にしん》、公魚《わかさぎ》、青柳、浅蜊、牡蠣、栄螺《さざえ》、
玉筋魚《いかなご》、蛤《はまぐり》、ひじき、若芽

果物

デコポン、三宝柑《さんぽうかん》、八朔《はっさく》、日向夏《ひゅうがなつ》

花

沈丁花《じんちょうげ》、梅、菜の花、こぶし、房アカシア、土佐水木《とさみずき》、三つ又、馬酔木《あせび》、
寒緋桜《かんひざくら》、寒桜、菫《すみれ》、蒲公英《たんぽぽ》、ムスカリ、雪柳、白木蓮《はくもくれん》、椿、桃、木蓮《もくれん》、連翹《れんぎょう》、
李《すもも》、桜

草木の成長が勢いを増し、野に里に色彩が輝き始める季節。年度末ですので、卒業式など、締めくくりの季節でもあります。

三日　雛祭り

雛祭りは女の子のお節供。雛人形や桃の花を飾り、女の子の健やかな成長を祈ります。桃の節供とも上巳《じょうし》の節供とも呼ばれています。

中国や日本の様々な風習が重なって今日のかたちになりました。春を寿《ことほ》ぎ、穢《けが》れを祓《はら》って無病息災を祈る行事がもとになっています。

古代中国では邪気に見舞われやすいとされる三月最初の巳《み》の日（上巳《じょうし》）に、水辺で身を清める行事がありました。後に陽の数字が重なり、やはり邪気にみまわれやすいとされる三月三日に移り、これが日本にも伝わったといわれています。

平安時代の宮中では、三月三日に、水辺に出て、紙の人形《ひとがた》で身体を撫で、病や災いを人形に移して流す「上巳祓」や、水の流れに酒杯を浮かべ、詩や歌を詠む雅《みやび》やかな「曲水《きょくすい》の宴」が盛んに行われました。

貴族の間では、幼児を災いから守るため、身代わりとなる人形を子どもの枕元に置く、ならわしもありました。また、宮中や貴族の子どもたちは小さな紙の人形で「雛《ひいな》遊び」をして楽しんでいたそうです。雛人形の「ひな」は小さくてかわいらしいもののこと。

この「雛遊び」と、古くからあった人形《ひとがた》や形代《かたしろ》と呼ばれる、草木や藁や紙で作った素朴なものに身体の災厄を移して海や川に流した祓いの行事とが次第に結びついていったようです（現在も厄祓いの人形を流す習俗は「流し雛」として鳥取県の用瀬町や和歌山県の吉野川流域などの一部の地域で続けられています）。

室町時代になると、雛人形を流さずに取っておくようにもなりました。やがて雛人形を飾って祝う習慣は貴族社会から武家社会にも伝わり、江戸時代になると裕福な町人の間にも広まりました。雛人形の豪華さを競う傾向も出てきたようで、幕府は、華美にならないよう、大きくしすぎないようにとお触れを出しています。
時々の様式で制作された美術工芸品としても素晴らしいお雛様が各地の旧家で今も飾られています。幕府が五節供の一つとしたことから、男の子のお祭りの端午の節供と対をなす女の子のお祭りとして、雛祭りは一般庶民にも浸透していきました。

華麗で高価な雛人形が作られた一方、江戸の下町では庶民の子どもたちも楽しめるようにと、お内裏様や五人囃子、花嫁の籠までついた紙工作の組み立て雛段のおもちゃ絵が浮世絵師の手によってつくられ、手軽な値段で売り出されていましたとか。
明治時代になって百貨店でお雛様が販売されて全国に広まり、豪華な雛人形セットが一般化したのは昭和の高度成長期以降のことともいわれています。

二月と八月は商売の世界ではお客さんが少ない厳しい時期に当たります。この時期、近くの日本橋十軒店で江戸以来の雛市の繁盛にヒントを得た三越百貨店が雛人形を売り出したのがデパートでの販売の始まりだそうです。

◆雛人形の飾り方

飾りつけは、立春を過ぎてからとも、雨水の日（この日に飾ると良縁に恵まれるという説も）とも言われています。避けなければいけないのは、前日に慌てて飾る一夜飾り。たいせつな人形ですので、ゆっくり時間を取って飾りたいですね。

もともとは、厄祓いの意味があったお雛様ですので、いつまでも出しておかずに早目に片付けます。「長く出したままにしておくとお嫁にいけない」という言い伝えもありますが、片づけを面倒がってはならないとする躾《しつけ》の意味も含まれているといわれています。

江戸では三月四日が雛納め。末永い幸せを祈ってお雛様に蕎麦《そば》をお供えしてからしまっていた家もあったようです。

◆桃

古く中国では、桃は魔を祓う力や強い生命力を持った特別な木と捉えていたようです。桃の花を浮かべたお酒を三月三日に飲むと寿命が延びるといわれていましたとか。『古事記』でも伊邪那岐命《いざなぎのみこと》が桃の実によって危機から逃れています。旧暦の雛祭りの頃は、桃の花が咲くころ。女の子のお祭りのふさわしい華やかさと祓いの力を持った桃は雛段に供えられます。

◆雛祭りのお供え

草もち…雛祭りは「草もちの節供」ともいわれています。蓬《よもぎ》（古くは母子草）をいれて作ります。母子草も、蓬も薬草で邪気を祓うとされています。

菱餅…赤は花、白は雪、緑は若草などを表わしているとか。菱は池や川に自生する菱形の葉を持つ水草。食用になる実は滋養強壮の薬効があるといわれます。その実の堅さから「身持ちの堅さ」、繁殖力の強さから「子孫繁栄」の象徴とされています。江戸時代の菱餅は蓬を入れた緑色の餅を上下にし、真ん中を白い餅を入れた二色。くちなしで赤く染めた餅を加えて三色の菱餅が広まったのは明治以降のようです。

雛あられ…お米を煎《い》り、砂糖の衣をかけたもの。尊い穀霊が宿るとされるお米を煎った「おいり」をまくと、場を清める力があるとされていました。関西では塩や醤油で味をつけた「あられ」が多いとか。

白酒…桃の花を浸して作る「桃花酒」に代わって飲まれるようになった白酒は江戸時代の初めから作られていましたが、雛祭りに飲まれるようになったのは江戸時代の後期からだそうです。蒸したもち米の中に米麹《こうじ》を入れ味醂《みりん》に仕込み、二カ月以上寝かせて、白酒の麹を石臼《いしうす》でゆっくりすりつぶすのが昔ながらの製法。アルコール分が約九パーセント含まれていますので、お子さんには甘酒やジュースなどがお薦めです。

蛤《はまぐり》の潮汁《うしおじる》…昔は水辺で身の穢れを祓い、また貝などを採って楽しむ磯遊びの風習がありました。貝類は春が美味しい季節。磯遊びで採った貝は春の食膳にたくさん上ったようです。特に蛤は二枚の貝殻がもとの貝殻同士以外の他の貝殻とは合わないところから、夫婦和合の象徴とされて雛祭りのお祝い膳にかかせないものになりました。蛤は汚れた海にはいないことから、純潔も表すそうです。

ちらし寿司…彩りよく作られるちらし寿司は、お祝いの膳を華やかに引き立てます。明治三十四年の『東京風俗志〔中〕』（平出鏗二郎著）の記述では雛祭りにお赤飯が用意されていました。雛祭りに現在のような「ちらし寿司」が全国で広く作られるようになったのは、そう昔のことではないようですが、やはり、お雛様には春らしいちらし寿司がぴったりします。それぞれの家の味、お母さんの味が次の世代にも伝わっていくと素敵ですね。

お雛様は女の子の憧れ。大人になっても雛祭りは女性にとって特別な日です。

今はいろいろなお雛様が出回っていますので、暮らしに合わせて楽しみましょう。手づくりのお雛様も温かみがあります。

六日頃　啓蟄《けいちつ》　二十四節気

暖かくなって、土の中で縮こまっていた虫（蟄）が穴を開いて（啓いて）地上に出てくるころ。柳が芽吹き、蕗《ふき》の薹《とう》の花が咲く早春です。

冬の間、虫除けのために松の幹にまかれていた藁《わら》を外す「菰《こも》はずし」が行われます。

二十一日前後　春分の日　二十四節気　国民の祝日

春分の日（三月二十一日頃）は、太陽が真東から昇り、真西に入るため、昼と夜の長さがほぼ同じになります。立春から始まり、立夏の前日までが暦の上の春。春分の日は春の中間点で、この日をはさんだ前後の三日間ずつが春の彼岸。同じように秋にも秋分の日をはさんで秋彼岸があります。単に彼岸という場合は、春の彼岸を示し、最初の日を「彼岸の入り」、真ん中の日を「中日《ちゅうにち》」、最後の日を「彼岸明け」と呼びます。「暑さ寒さも彼岸まで」といわれるように、季節の変わり目を実感する時期、一年で最も過ごしやすいころともいわれています。

毎年、全国各地のお寺で「彼岸会《ひがんえ》」の法要が行われますが、これは日本独特のもので他の国にはない行事です。ご先祖様を大事にする日本にもともとあった風習や古くからの太陽信仰と、伝来した仏教の教えが結びついたものだそうです。春分の日、秋分の日は、真西に日が沈むため、西にあるとされる極楽浄土につながりやすい日と捉えられていました。

ご先祖様にお彼岸団子や牡丹餅を作ってお供えしたり、花やお線香を持参してお墓参りをする方が多い日です（北国ではまだ、お墓が雪に埋もれているところもありますので、お墓参りをしない地域もあります）。

◆彼岸とは

お彼岸の「彼岸」とはサンスクリット語の「波羅蜜多《はらみた》」を漢訳した「到彼岸」に由来する言葉といわれています。悟りの世界、生死を超えた理想の世界である涅槃《ねはん》の世界に至ることだそうです。

「彼岸」に対して、今、私たちが暮らしているのが迷いの世界である「此岸《しがん》」。この此岸と彼岸の間には川が流れ、その間を渡す船の役割がお釈迦様の教えであると仏教では説明されています。

◆牡丹餅とお萩

春のお彼岸につくるのが牡丹の花の名をつけた牡丹餅《ぼたもち》。秋のお彼岸につくるのがお萩《はぎ》です。名前が違うだけという地域もありますが、小豆の収穫後、日が浅い秋は小豆の皮がまだ柔らかいので粒あんで、小さな萩の花に似せて小ぶりに。春は小豆の皮が硬めになるため、こしあんにして牡丹の花のように少し大きめにと、作り分けるところもあるようです。牡丹餅のほかにお彼岸団子もお供えします。

＊言葉遊びですが、杵《きね》で搗《つ》かずに牡丹餅は、すりこぎでつぶして作るため、夏は「夜船《よふね》」（いつ着いたかわからないので）、冬は「北窓《きたまど》」（月が見えない）ともいうそうです。

亡くなった人たちは、私たちが覚えている限り、私たちの心の中に生き続けるといわれています。思い出して感謝を伝えるのが、最高の供養になると聞いたことがあります。遠方でお墓参りに行かれない方も「ありがとう」と手を合わせるだけでも伝わるものがあるのではと思います。

◆寺院参拝の作法

お寺の境内は聖地ですので、それにふさわしい行動を心がけます。

山門で合掌一礼し、参道に手水舎《てみずや》が設けられていましたら、手や口を清めます（作法は神社と同じ）。

宗派によって、お寺によって違いがありますが、一般的には、他のお堂に参拝する時も、まず本堂のご本尊に礼拝《らいはい》します。

蝋燭《ろうそく》やお線香が用意されていましたら、購入して献灯、献香をします。

お賽銭を入れ、鰐口《わにぐち》など鳴らすものがあれば鳴らし、姿勢を整えて合掌し、お祈りをします。一礼して下がります。

おみくじやお札、お守りや、ご朱印などをいただく場合は礼拝が済んでから頂戴します。

境内を出る時は、本堂に向かって合掌一礼します。

＊仏像拝観

仏像は素晴らしい芸術品ですが、まずその前に、尊い仏様です。

祈りをこめて作られ、人々の祈りを受け止めてこられた聖なる像ですので、無断撮影などは慎み、寺院の指示に従って拝観しましょう。

◆合掌（がっしょう）

合掌の仕方には種類がありますが、神社での拍手とは違って、音は立てません。もともと、合掌は仏教が発祥したインド古来の相手を敬う作法だったもの。仏教に取り入れられ、日本には仏教とともに伝わりました。インドでは右手が清浄な手で、左手は不浄な手とされています。真理と仏様を意味する聖なる右手と、煩悩と人間を意味する不浄な左手、この両手を合わせることで仏様と人間が一つになるとも、聖なる面と不浄な面とを合一したところに人間の真実の姿があり、それを表しているともいわれています。

◆香

仏様へは、香と花と灯明《とうみょう》がお供えされますが、そのうちの香の香りと煙は、仏様の召し上がりものになるとされています。また、香には悪気を祓い、心身を清める力があるともいわれていますので、お寺の本堂の前に香炉が設けられている場合は、献香して香炉の煙で身を清めてから礼拝します。煙を身体の具合の悪いところに当てて良くなるように祈る所作は、いつの頃からか派生したものだそうです。

◆縁日

有縁日《うえんにち》の略で、文字通り、神様や仏様に縁のある日。神社やお寺が建てられた日や、お寺の宗派の開祖の忌日など、この日お参りすると一層の功徳がいただけるとされています。たくさんの参拝者を見込んで露店が並び、縁日の参拝は庶民の楽しみの一つにもなってきました。

五日…水天宮　八日…薬師如来　十日…金毘羅宮《こんぴらぐう》　十三日…虚空蔵菩薩《こくうぞうぼさつ》
十三日…日蓮上人　十六日…閻魔王《えんまおう》　十八日…観世音菩薩
二十一日…弘法大師　二十四日…地蔵菩薩　二十五日…天神（菅原道真公）
二十八日…不動明王

甲子《きのえね》の日…大黒天　寅の日…毘沙門天　巳の日…弁財天　午の日…稲荷神
申の日…帝釈天

◆縁起物

縁起は仏教の言葉「因縁生起《いんねんしょうき》」の略。いろいろな事がらは因縁がらみによって起こると考えられ、そのことから、お寺や神社が創建された由来や歴史、霊験などを記したものを縁起物と呼び、お守りのようになったそうです。それが次第に縁起物として現在のようなかたちになりました。お札やお守りはもちろんのこと、おめでたい福を呼ぶものとして様々な縁起物が誕生しています。

達磨（だるま）…中国禅宗の開祖、菩提達磨《ぼだいだるま》（達磨大師）の座禅像をもとに作られました。赤い色は魔よけの色。倒してもすぐに起き上がります。願掛けをする時は達磨さんの左目だけ書き入れ、願いがかなったら右目も書きます。通常、一年で効力が無くなるとされ、古い達磨はお寺でお炊き上げをしていただきます。

招き猫（まねきねこ）…前足を挙げて招く形をしている猫の置物です。由来は諸説あります。上げている足が右の場合は金運、左の場合は人を招くそうです（両手を上げるのは欲が深すぎて、お手上げ？）。

羽子板（はごいた）…羽子板の羽は「無患子《むくろじ》」という木の実に鳥の羽をつけていることから、無病息災のお守りに。また、蚊を食べるトンボに似ていることから、子どもが蚊に刺されないともいわれました。「邪気をはね（羽）のける板」として現在もお正月に飾ったり、女の子の初正月の贈り物になっています。

◆お墓参りの仕方

春と秋のお彼岸、お盆、暮れ、祥月命日《しょうつきめいにち》（亡くなった日と同じ月日）だけでなく、故人の記念の日や入学や結婚の報告など、折りにふれてお墓参りに行けるといいですね。特別に決まった作法はありません。何よりたいせつなのはご先祖様への感謝の気持ち。きれいにお墓を掃除した後、お供えをして冥福《めいふく》（亡くなった方々のあの世での幸せ）を祈ります。

ここでは、一般的なお墓参りの仕方をご紹介します。

お寺に墓地がある場合は、まずご本尊にお参りし、お寺の方にあいさつをしてから墓地に向かいます。

お墓に着きましたら、合掌一礼、あいさつをして、お掃除を始めましょう。ごみや落ち葉などを取り除き、墓石や水鉢、花立てに水をかけながらブラシなどできれいにして、花立てと水鉢に水を注ぎます。

花を供え（宗派によってはシキミを）、柄杓で墓石に水を静かに注ぎ、供物（故人が好きだったお菓子などは懐紙や半紙の上に）と、煙の昇るお線香を供えて合掌し、冥福をお祈りします。

墓石に水をかけるのは、ご先祖様の喉が乾かないようにするためとも、浄化のためともいわれています。宗派によっては、水をかけないところもあります。

ごみは所定の場所に捨てますが、なければ持ち帰ります。食べ物の供物も持ち帰ります。

◆数珠（じゅず・ずず）

仏様を礼拝する時に合掌した手に掛けて用いる数珠は念珠《ねんじゅ》とも呼ばれています。もともとは念仏などを唱えた回数を数えるためのものでした。珠の数は一〇八個が基本。これは煩悩を退散、消滅させるためとされています。宗派によって形や扱い方が異なります。宗派ごとの正式なものの他に一輪数珠、片手数珠などと呼ばれる珠数が少ない、どの宗派にも使用できる略式の数珠も出回っています。

数珠は持ち主を守るものともいわれていますので、床などに直接置かずに、丁寧に扱いましょう。

＊なぜ、新年度が四月から始まるの？

日本では、太陽に感謝し、ご先祖様の供養を行う春分の日ですが、世界各地でも、春分の日は特別の日とされてきました。

寒さが厳しいヨーロッパの国々でも、この頃、寒さがやわらぐことから様々なお祝いの祭りが行われ、昔は春分の頃を新年とするところが多かったようです。

イギリスやアメリカでは一七五一年まで、三月二十五日を新年としていました。

その名残で、イギリスの会計年度は四月一日から翌年の三月末になっています。古くからイギリスには売り掛けを一週間待ってあげる風習があったそうで、三月二十五日からの一週間を支払い猶予期間としたため、三月末が会計年度の終りに。これが日本にも導入されて、明治時代の政治の諸事情と重なりながら、現在に至ったといわれています。

■季節のことば

山笑う（やまわらう）

春の訪れとともに芽吹いた木々の緑。明るい春の山を表す季語です。

中国の宋の時代の画家郭熙《かくき》の『山水訓』の「春山淡冶にして笑うがごとし」から生まれたもの。淡冶《たんや》は、淡くつややかなさま。少女のはにかむような微笑みに春の山を喩えています。続きは「夏山蒼翠《そうすい》にして滴るがごとし　秋山明浄《めいじょう》にして装うがごとし　冬山惨淡として眠るがごとし」で、夏は「山滴《したた》る」、秋は「山装《よそお》う」、冬は「山眠る」と表現されます。

・故郷やどちらをみても山笑《やまわら》ふ　　正岡子規《まさおかしき》

■季節のうた

・照りもせず曇りもはてぬ春の夜のおぼろ月夜にしくものぞなき　大江千里《おおえのちさと》
（照っているわけでもなく、すっかり曇ってしまっているわけでもない春の夜のおぼろにかすむ月の美しさにおよぶものはない）

・菜の花や月は東に日は西に　与謝蕪村《よさぶそん》

・どこかで春が　生まれてる　どこかで水が　流れ出す
どこかで雲雀《ひばり》が　鳴いている　どこかで芽の出る音がする
山の三月　そよ風吹いて　どこかで春が　生まれてる
『どこかで春が』　百田宗治《ももたそうじ》作詞

◉雑節（ざっせつ）

二十四節気以外の季節が変化する目安となる日の総称。日本の気候風土にあわせて、特に農業や漁業に役立つよう編み出されました。実際の暮らしから生まれた知恵に基づく日本独自の暦です。八十八夜などは、今でもよく知られています。

・節分《せつぶん》……立春、立夏、立秋、立冬の前日で年四回ある。季節を分けるという意味。特に新暦の二月三日頃の立春の前日を指す。

・彼岸《ひがん》……年二回。春分と秋分を中日《ちゅうにち》として、その前後の三日間を合わせた七日間。先祖の供養を行う。

・社日《しゃにち》……年二回。春分と秋分に最も近い戊《つちのえ》の日。土地の守護神である産土神《うぶすながみ》に参拝し、春は種子を供えて豊作を祈り、秋は初穂を供えて収穫に感謝する。

・八十八夜《はちじゅうはちや》……立春の日から数えて八十八日目に当たる日。新暦では五月二日頃。「八十八夜の別れ霜《じも》」といわれ、種まきや茶摘みの目安になる。

・入梅《にゅうばい》……梅雨の季節に入る日で、新暦では六月十一日頃。太陽が黄経八十度を通過した日。

・半夏生《はんげしょう》……夏至から十一日目。新暦では七月二日頃。昔から、この日までには田植えを終えなければならないといわれる。

・土用《どよう》……年四回。立春、立夏、立秋、立冬の前の十八日間をいうが、現在は立秋の前の「夏の土用」を指す。新暦の七月二十日頃から、八月七日頃まで。

・二百十日《にひゃくとうか》……立春から数えて二百十日目。新暦の九月一日頃。台風の襲来を警戒する。
・二百二十日《にひゃくはつか》…立春から数えて二百二十日目、新暦の九月十一日頃。台風の襲来を警戒する。

◉六曜（ろくよう）

毎日の吉凶や禁忌《きんき》を示す「お日柄《ひがら》」は、暦に載せられている暦注《れきちゅう》によるものです。暦注には三隣亡《さんりんぼう》や十二直《じゅうにちょく》、二十八宿《にじゅうはっしゅく》など様々あり、大安や仏滅といった六曜も、その一つです。

暦注自体の歴史は大変古いものですが、六曜はそれほど古いものではなく、室町時代ごろ中国から伝わり、名称や内容が変化しながら江戸時代の終わりごろ民間に広まり始めました。もとは七曜（月、火、水…）と同様に、日にちを順番で表すために使われていましたが、次第に様々な解釈が加わり、読み方も幾通りか生じて普及し、現在も使われています。

六曜は旧暦の日付をもとに割り当てられるため、新暦のカレンダーでは並び順が不規則になりますが、旧暦では固定されています。そのため毎年、旧暦の元日は先勝、三月三日の雛祭りは大安、お月見の八月十五夜は仏滅になります。

〈六曜の読みと意味〉

六曜	読み	意味
先勝	せんかち／せんしょう／さきかち	「先んずれば勝つ」の意味で、早ければ吉。万事午後より午前が吉。
友引	ともびき／ゆういん	「友を引く」の意味で、葬式などをさける。もともとは「伴引き」で、引き分けのこと。朝夕は吉で、正午だけは凶。
先負	せんまけ／せんぷ／さきまけ	「先んずれば負ける」の意味。先勝とは逆に控え目に、万事静かにするのが吉。午前は凶、午後は吉。
仏滅	ぶつめつ	万事が凶。婚礼など祝儀を慎む習慣がある。もとは物滅《もつめつ》と書いた。
大安	たいあん／だいあん	万事うまくいく吉日。婚礼など祝儀によいとされる。昔は泰安《たいあん》と記された。
赤口	しゃっく／しゃっこう／せきぐち	万事油断をいましめ、火や刃物の扱いに注意。正午のみ吉。祝儀は凶とされる。

四月

四月

五日頃　清明（せいめい）
八日　花祭り（はなまつり）
十三日　十三詣り（じゅうさんまいり）
二十日頃　穀雨（こくう）

野菜

筍《たけのこ》、たらの芽、蕗、ぜんまい、蕨《わらび》、独活《うど》、三つ葉、分葱《わけぎ》、新玉葱、アスパラガス、春キャベツ、グリーンピース、こごみ、明日葉《あしたば》、新牛蒡《ごぼう》、さやえんどう、韮《にら》、芹、椎茸、長芋、蚕豆《そらまめ》、新じゃが芋

魚介

鯛、鰆《さわら》、鰊《にしん》、さより、白魚、めばる、真かれい、蛍烏賊《ほたるいか》、青柳、浅蜊、牡蠣、栄螺《さざえ》、鳥貝、ひじき、もずく、若芽

果物

苺、日向夏、デコポン、甘夏

花

桜、桃、菜の花、木蓮《もくれん》、連翹《れんぎょう》、蓮華草《れんげそう》、菫《すみれ》、芝桜、母子草、春紫苑《はるしおん》、桜草、花蘇芳《はなすおう》、八重桜、木通《あけび》、花海棠《はなかいどう》、山桜、桃、石楠花《しゃくなげ》、山吹《やまぶき》、躑躅《つつじ》、チューリップ、ライラック、小手毬《こでまり》、大手毬《おおてまり》、ひなげし、藤、白詰草《しろつめくさ》、勿忘草《わすれなぐさ》、君子蘭《くんしらん》、苧環《おだまき》、都忘れ《みやこわすれ》

春爛漫。桜咲き、自然に親しむ季節。入学や入社式など新しい年度の始まりでもあります。四月の旧称、卯月《うづき》はウツギの花が咲くころからという説があります。

◆桜

日本人に愛され続けてきた桜。奈良時代の貴族は、当時中国から渡来した梅を文化や教養の象徴として愛でましたが、もともと日本にあった桜は古くから農業と結びついた特別な花でした。

国風文化が興った平安時代を迎えると貴族も花見を盛んに行うようになり、邸内に桜を植えることも流行したそうです。鎌倉時代になると後嵯峨上皇が桂離宮の亀山殿の背後にあたる嵐山に、吉野の山桜を多数移植して花見を楽しまれ、桜の名所は増えていきます。

桜は武士にも愛され、足利義政が開いた大原野の花見、豊臣秀吉の吉野や醍醐の花見は有名です。江戸時代、八代将軍徳川吉宗が飛鳥山や隅田川の堤に桜を植樹したことから、江戸では大勢の庶民がお弁当持参で花見を楽しむようになりました。

桜の語源には、「さ」が田の神様を示し、「くら」は座を意味して、神様が降りてこられる場所という説があります。農村では、米作りと結びついた神聖な花とし、満開の桜を稲の豊作につなげてとらえていたともいわれています。その開花を農作業の開始の目安にしている地域も多かったようです。

＊西行法師と桜

願わくは花の下にて春死なむその如月《きさらぎ》の望月《もちづき》のころ

（かなうものならば　桜の花の下で春死にたいものだ　それも如月（二月）の満月の頃に）

桜を愛した平安時代の歌人、西行法師の有名な和歌です。この如月の満月の頃は、旧暦の二月十五日。この日はお釈迦様が入滅《にゅうめつ》した（亡くなられた）といわれる日でもありました。実際に、西行は文治六年二月十六日（一一九〇年新暦の三月三十一日）に亡くなったとされています。十六夜の月に照らされた桜を眺めることができたのでしょうか。

西行忌は俳句の季語にもなっています。

◆桜を詠んだ和歌

・見渡せば春日《かすが》の野辺《のべ》に霞《かすみ》立ち　咲きにほへるは桜花《さくらばな》かも

万葉集　巻十　読み人知らず

・花の色は移にけりないたづらにわが身世にふるながめせしまに

小野小町《おののこまち》

・ひさかたの光のどけき春の日にしづ心なく花の散るらむ

紀友則《きのとものり》

・いにしへの奈良の都の八重桜けふ九重《ここのえ》ににほひぬるかな　伊勢大輔《いせのたいふ》

・もろともにあはれと思へ山桜花より外《ほか》に知る人もなし　前大僧正行尊《ぎょうそん》

・高砂《たかさご》の尾上《おのえ》の桜咲きにけり外山《とやま》の霞《かすみ》たたずもあらなむ　大江匡房《おおえのまさふさ》

・花さそふ嵐の庭の雪ならでふりゆくものは我が身なりけり　藤原公経《ふじわらのきんつね》

・世の中に絶えて桜のなかりせば春の心はのどけからまし　在原業平《ありわらのなりひら》

・明日ありと思う心の仇桜《あださくら》夜半《よは》に嵐の吹かぬものかは　親鸞聖人《しんらんしょうにん》

・敷島《しきしま》の大和心《やまとごころ》を人問はば朝日に匂ふ山桜花　本居宣長《もとおりのりなが》

・清水《きよみず》へ祇園をよぎる桜月夜《さくらづきよ》今宵《こよい》逢《あ》ふ人みなうつくしき　与謝野晶子《よさのあきこ》

・たたかひに果てにし子ゆゑ身に沁みてことしの桜あはれ散りゆく　釈迢空《しゃくちょうくう》

◆桜を詠んだ俳句

・さまざまの事おもひ出す桜かな　松尾芭蕉《まつおばしょう》

・桜花《さくらばな》何が不足でちりいそぐ　小林一茶《こばやしいっさ》

・散る桜残る桜も散る桜　良寛《りょうかん》

■桜にまつわる言葉

花明かり（はなあかり）…満開の桜の花の鮮やかさが、辺りの闇をほのかに明るくすること。

花曇（はなぐもり）…桜の咲く頃のどんよりした曇り空。花を養う曇天。

花冷え（はなびえ）…桜が咲く時期に、急に冷え込むこと。

花風（はなかぜ）…桜の花を吹き揺らす風。

花筏（はないかだ）…水面に散った桜の花びらが集まり、筏のように連なって流れるさまをいう言葉。花が散りかかる筏を示す場合も。

花衣（はなごろも）…お花見のためのハレの衣装。

花疲れ（はなづかれ）…お花見に出掛けたあとの疲れ。人ごみの中を歩き回った疲れもあるが、花の美しさに酔いしれたあとの物憂さも。

花鎮め（はなしずめ）…桜の花が散るころ行われる鎮花祭《ちんかさい》のこと。

花が飛び散るときに、疫神が分散して病気を流行させるとされ、これを鎮めるためのお祭りです。崇神天皇の御代に疫病が流行した際、奈良の大神神社《おおみわじんじゃ》の御祭神大物主神《おおものぬしのおおかみ》の御告げによって始められたと伝えられています。

毎年、四月に大神神社とその摂社である狭井《さい》神社で行われる鎮花祭にはたくさん人々が参列します。

また、桜の花を稲の花に見立てて、その年の稲の花があだに散ることのないようにと祈る、京都の今宮神社で現在も続けられている「やすらいまつり」のようなかたちの鎮花祭もあります。

＊花見弁当

桜の時期、デパートの食品売り場には色とりどり、様々な種類の花見弁当が並びます。市販のものを選ぶのも楽しみですが、手作りもまたいいもの。気負わず、好きなものを詰め、桜をあしらった懐紙や桜色の紙ナプキンを添えるだけでも雰囲気が出ます。

敷物の他に、地面は冷えますので、ひざ掛けなど持って出かけましょう。

ごみは必ず所定の場所に捨てるか、持ち帰ります。美観上だけでなく、放置されたごみのための雑菌が増えると桜の樹が弱ってしまうそうです。

江戸の人々にとっても、お花見は大きな行事でした。裕福な人は蒔絵のお弁当箱で、庶民もそれなりに気張って楽しんだようです。

江戸時代の料理本にはお花見用のレシピが取り上げられています。豪華な部には、かすてら玉子、筍のうま煮、かまぼこ、たこの桜煮、蒸鰈《むしがれい》、田螺《たにし》、刺身などにご飯や菓子。庶民用でも煮物、焼き物、卵焼きと充実したものが載せられています。

・「花より団子」の三色団子、ピンクは花を、白は雪を、緑は萌え出でる新芽を表しているそうですが、これも江戸時代には登場して人気を集めていました。

・白い桜餅

以前、新聞で紹介された白い桜餅のお話をご存じですか。京都のとある和菓子屋さんでは三月の初旬から桜餅を作り出すそうです。ごく薄い桜色から少しずつ、紅色を濃くしていき、最後の三日間は、真っ白な桜餅を「花供養」として作るのだそうです。何とも言えない趣がありますね。

■桜の種類

日本の山野に自生する野生種の基本種とされる九種と、これらから育成された園芸品種のサトザクラを合わせると四百種とも六百種ともいわれています。

山桜（ヤマザクラ）…日本の桜の中でも最も代表的な種類です。一重の花と赤みを帯びた若葉とが同時に萌え出ます。寿命が長く大木になりやすい桜で、主に本州中部以南に自生しています。古くから和歌に詠まれて親しまれてきました。有名な桜の名所、吉野山の桜はこの山桜です。

大島桜（オオシマザクラ）…伊豆諸島と伊豆半島南部に自生する桜で、花は白色で若葉と良く調和し優雅な美しさがあります。この桜の葉の塩漬けが桜餅を包む皮として利用されています。

江戸彼岸（エドヒガン）…本州・四国・九州と広く自生する桜で、花は早咲き。この桜は長寿で各地に巨木・名木が点在しています。この桜の枝が下垂するものがシダレザクラです。

染井吉野（ソメイヨシノ）…諸説ありますが、オオシマザクラとエドヒガンの雑種で江戸時代末ごろ、江戸の駒込の染井村の植木屋さんが売り出したことが広まるきっかけとか。現在、全国の名所で植えられている桜の八割は染井吉野だそうです。花が先に咲き、葉が後から出るため淡いピンク色の花が葉に隠れず、見《み》栄《ば》えがし、やや大ぶりの花は花付きもよいため豪華。さらに成長が早く十年ぐらいで立派な樹形になることも人気の一因とされています。「桜の開花予報」にも使われる桜です。一代雑種の染井吉野は種がつきにくいため接ぎ木で増やして育てます。

五日頃　清明《せいめい》　二十四節気

「清浄明潔」の略といわれる清明。すべてのものが、清らかでいきいきとするころ。すがすがしく明るい氣が天地に満ちます。中国や沖縄では墓参をして先祖供養する日。

八日　花祭り

旧暦の四月八日はお釈迦様が生まれた日。飛鳥時代から寺院で灌仏会《かんぶつえ》が行われてきました。現在は新暦のこの日に各地で「花祭り」が催されます。花で飾られた花御堂の誕生仏にアマチャヅルの葉を煎じてつくった甘茶をかけてお祝いします。灌仏会、仏生会《ぶっしょうえ》と呼ばれて来ましたが、明治時代、浄土宗の寺院で「花祭り」と名付けたことから、この名称も広まりました。

お釈迦様が北インド、ルンビニの花園の満開の無憂樹《むゆうじゅ》の下でお生まれになり、すぐ東西南北の四方に七歩ずつ歩み、右手は天、左手は地面を指さされて「天上天下唯我独尊《てんじょうてんげゆいがどくそん》」（自分一人が尊い、ではなく、「すべての生きとし生けるものは、それぞれが尊い命を宿している」という意味だそうです）と宣言されたという伝説は有名です。

誕生をお祝いして、龍が産湯として香湯を注いだことから沈香や白檀などの香木を湯に浸して作った香水《こうずい》をかけていましたが、江戸時代からは甘茶をつかうようになりました。この花祭りの甘茶をいただくと丈夫になると言われています。

小さいながらも凛としたお釈迦様の姿に、「皆、尊い」「あなたも尊い」と勇気づけられるような感じがします。花の季節のたいせつにしたい行事です。

平安時代、この日はお釈迦様の誕生に関連して、七世の父母に報恩する日とも捉えられていました。現在のような花で御堂を飾る風習は無かったようですが、「たらちね」の母に感謝する時でもありました。誰もが母親の乳を百八十石飲んで大きくなると言われていたそうです。昔の日本版「母の日」でもあったのですね。

花祭りの時に甘茶をいただいて家に持ち帰り、家族で飲むと丈夫になるといわれています。この甘茶で墨をすり、「千早振《ちはやぶ》る卯月八日は吉日よ、神さげ虫を成敗ぞする」と書いた紙を家の入口にさかさまに貼って害虫よけのおまじないにする地方もあるそうです。

◆卯月八日（うづきようか）

灌仏会が広まる前から、本格的な農作業が始まる前の卯月八日（現在の五月）に山に行き、ツツジやシャクナゲ、フジなど山に咲いている花を採ってくる風習が農村にはあったと言われています。西日本では天道花《てんどうばな》や高花《たかはな》等と呼び、竹竿に結び付けて庭先に高く掲げ、関東ではフジやウツギなどを軒や出入口に挿すところがあります。山から田の神様をお迎えするための依《よ》り代と考えられています。

十三日　十三詣り

智恵の仏様である虚空蔵菩薩《こくうぞうぼさつ》に旧暦の三月十三日に、数え年十三歳でお参りをする「智恵もらい」とも呼ばれる行事です。現在は新暦の四月十三日を中心に、その前後の一カ月の間に厄を祓い、智恵と福徳を授けていただくために行われています。
七五三は関東では盛んですが、関西ではこの十三詣りが盛んです。とりわけ京都嵐山・法輪寺の十三詣りは有名で、帰途、渡月橋を渡りきる前に後ろを振り返ると授かった智恵が帰ってしまうという言い伝えがあります。

数え十三歳は心身両面で子どもから大人に変わる時期であり、最初の厄年と考える場合もありました。かつて男の子は十五歳ぐらいで、女の子は十三歳ぐらいで一人前になる年齢とみなされて、元服やお歯黒をつける儀式などが行われていました。成長の大事な節目ですね。この日に初めて大人と同じ「本裁《ほんだ》ち」の着物を仕立て、肩上げをして参詣します。

＊数え年
お正月に年神様から、誰もが一斉に「齢」をもらうと考えられていた昔は、誕生日ではなくお正月に一歳ずつ増えました。生まれた年は零歳ではなく一歳と数えられましたので、十二月に生まれた赤ちゃんも年を越せば数え年の二歳になっていました。

正確な数えの年齢はその年の誕生日の前ですと、満年齢プラス二歳、誕生日の後ではプラス一歳になります。現在は満年齢で数えることが、一般的ですので、便宜的に満年齢に一歳加える数え方もあります。

厄年や長寿のお祝いの時などは、今も数え年で計算されることが多いようです。

＊本裁ちの着物

本裁ちは、大人用の着物の裁ち方のこと。一枚の着物に必要な和服地、一反は幅（並幅）で約三六センチ、長さは一二メートル前後です。この一反を全部使う裁ち方で大裁ちともいわれます。小裁ち、中裁ちと呼ばれる赤ちゃんや子ども用の裁ち方から大人の着物と同じ裁ち方になりますが、まだ、体が小さくて裄が長すぎる時は、肩のところで生地を縫い込む「肩上げ」で調節します。肩上げがあることはこれから成長するということでもあり、子どもや半人前を意味しました。

花柳界のしきたりでは舞妓さんは、まだ大人ではないので肩上げをしたものを着ます。昔の京都では、十三参りを済ませると肩上げをとったそうです。

二十日頃　穀雨《こくう》　二十四節気

「雨百穀を生ず」といわれる穀雨は、たくさんの穀物を潤す雨のこと。晩春です。

＊磯遊び・野遊び

もともと、陽気が良くなった春は磯遊びや水辺の遊びで身を清め、野や山で野草を摘んだり、花を愛でたり、摘みながら神様とともに過ごし、山の神様が、田の神様として里に降りられるのを迎えに行く風習があったようです。農作業が本格的に始まる前の大切な準備の時期。豊作と暮らしの安寧を祈ってご先祖様の霊でもある田の神様を祀る行事もありました。

こうした古くからの風習に仏教の彼岸会や花祭りが重なっていったともいわれています。

命が蘇り、躍動する季節を迎え、厳しい冬を生き延びた喜びとともに水辺に、野に、山に行き、大自然、森羅万象《しんらばんしょう》を司る神々に感謝しながら皆で祈り、捧げものを共にいただき、楽しむ時間を昔の人たちは大切にしていたようです。

花粉症の方には辛い季節ですが、現代を生きる私たちも連れだって野山や海辺へ出かけ、五感で春の素晴らしさを味わいましょう。

■季節のうた

・この里に手鞠《てまり》つきつつ子供らと遊ぶ春日《はるひ》は暮れずともよし　良寛《りょうかん》

・花衣ぬぐやまつはる紐《ひも》いろいろ
杉田久女《すぎたひさじょ》

・菜の花畠《ばたけ》に　入り日薄れ　見渡す山の端《は》　霞《かすみ》ふかし
春風そよ吹く　空を見れば　夕月かかりて　におい淡し
『朧月夜《おぼろづきよ》』文部省唱歌　高野辰之《たかのたつゆき》作詞

五月

五月

二日頃　八十八夜（はちじゅうはちや）
五日　端午の節供（たんごのせっく）・こどもの日
六日頃　立夏（りっか）
二十一日頃　小満（しょうまん）

野菜

蚕豆《そらまめ》、たらの芽、蕗《ふき》、ぜんまい、こごみ、蓬《よもぎ》、らっきょう、新じゃが芋、新牛蒡、さやえんどう、蕪《かぶ》、独活《うど》、大蒜《おおびる》（ニンニク）、長芋、アスパラガス、グリーンピース、白瓜《しろうり》、韮《にら》

魚介

鯵《あじ》、いさき、鰹《かつお》、めばる、鱚《きす》、蛍烏賊《ほたるいか》、真かれい、海胆《うに》、栄螺《さざえ》、鳥貝《とりがい》、もずく、若芽《わかめ》

果物

枇杷《びわ》、夏蜜柑《なつみかん》

花

鈴蘭《すずらん》、杜若《かきつばた》、薔薇《ばら》、躑躅《つつじ》、皐月《さつき》、芍薬《しゃくやく》、ひなげし、浜なす、菖蒲《しょうぶ》、釣鐘草、都忘れ《みやこわすれ》、クレマチス、カルミア、空木《うつぎ》

五月の別名、皐月《さつき》は「早苗月《さなえづき》」からきたという説があります。旧暦の五月は梅雨の季節であり、田植えの時期でした。田植えは品種改良などから早くなりましたので、現在も多くのところで、新暦の五月、水を張った田んぼに苗を植える光景が見られます。爽やかな季節です。

二日頃　八十八夜　雑節

立春から数えて八十八日目。日本独自の雑節の一つで、「米」の文字が八十八の組み合わせでできていることから、縁起の良い日とされてきました。「八十八夜の別れ霜」といわれるように、夏が近づいて霜の被害が少なくなる頃ですので、種まきなど農作業にはたいせつな目安の日になります。漁業でも瀬戸内海では「魚島時《うおじまどき》」といい、豊漁期の目安にしているそうです。

八十八夜は茶摘み始めの頃でもあります。渋み成分が少なく、うまみ成分が多い新茶はこの季節の楽しみの一つです。八十八夜に摘まれた新茶は、末広がりの八が重なる、特に縁起が良いものとされ、神仏へのお供えや年長者への贈り物にも珍重されて来ました。

五日　端午《たんご》の節供・こどもの日　国民の祝日

鯉のぼりが空を泳ぐ端午の節供。そして「こどもの日」。「こどもの人格を重んじ、こどもの幸福をはかるとともに母に感謝する日」として一九四八年、国民の祝日に定められました。子ども、特に男の子の祝日のイメージが強い五月五日の行事ですが、長い年月の間にいろいろな要素が加わって今日のかたちになっています。

端午は、月の初めの午《うま》の日のこと。旧暦の十二支の暦で五月は午の月、その午が「五」と同じ発音になることもあり、数字が重なる五月五日に端午の行事が定着したといわれています。

中国ではこの時期（現在の六月頃）高温多湿になり、伝染病や害虫の被害が出やすかったため古代の中国では五月を悪月《あしげつ》とし、注意を払う習慣がありました。特に五月五日は野外に出て薬草を摘んだり、ヨモギで作った人形を門口に挿し、菖蒲酒を飲むなどして災いや病を祓う日であったそうです。また、屈原《くつげん》が身を汨羅《べきら》江の水中に身を投げたとされる日でもありました。

これが古代の日本にも伝わり数々の宮廷行事が生まれました。また、田植えの前に身を清めて慎む、古くからあった習わしとも結びついて様々なしきたりが生まれたといわれています。田植え月である五月は一月、九月と並んで重要な月とされてきました。田の神を迎えて祀る月であり、斉月、つつしみ月と呼ばれ、婚礼を避ける風もあったそうです。

◆女の家

米作りの中で田植えは重要な作業です。古くは苗を直接植えるのは女性が中心で、男性は準備や手助けをする役目だったようです。神様から授かった早苗《さなえ》を神様に代わって植える田植えは、豊作を祈りながら行う神事でもありました。

そのため事前に身を清め、田植えに備えて女性だけが集まって過ごす「女の家」と呼ばれる風習がありました。家の軒には菖蒲《しょうぶ》と蓬《よもぎ》が挿され、その芳香で邪気を祓ったと言い伝えられています。

＊田の神様

田の神様は「さ」と呼ばれていたという民俗学の説があります。田植えにまつわる言葉には「さ」がつくものが多いようです。苗は早苗、田植えをする若い女性は早乙女《さおとめ》。田植えの始まりには「さおり」や「さびらき」、田植えの終りには「さのぼり」「さなぶり」と呼ぶ儀式が続けられてきました。

◆菖蒲湯

菖蒲はアヤメ科の花菖蒲や杜若《かきつばた》とは別の種類でサトイモ科に属します。小さな黄緑色の花が密集して咲きます。刀剣を思わせる葉に強い香りがあり、その形から水剣草という別名も。蓬《よもぎ》と同じように邪気を祓う力を持つとされています。菖蒲湯に入り、邪気を祓って身を清めます。根茎からは胃の薬がとれ、菖蒲湯は疲労回復や冷え症の改善にもよいとか。「午《うま》」は陰陽五行説では「火」を表すため、水辺の植物である菖蒲を屋根に葺くことで、火災除けのおまじないにもなっていました。

◆五月人形と鯉のぼり

農村では田植えや梅雨時（旧例の五月は現在の六月半ば頃）の厄除けが中心だった端午の節供は、武家社会では、菖蒲が「尚武《しょうぶ》」や「勝負」の音に通じることなどから、武運長久《ぶうんちょうきゅう》を祈る行事になっていきました。江戸時代に入ると幕府の五節供の一つとされ、三月三日の女の子の節供と対をなす男の子の健やかな成長を祈る節供としての色彩が強まりました。

現在のように五月五日に鎧兜や武者人形を飾り、幟《のぼり》や吹き流しを立てて祝う習慣は武士の家から始まったもの。次第に武家をまねて町人の間にも広まっていきました。端午の節供の風物詩ともいる鯉のぼりも、武家の幟がもとになっています。

立身出世の象徴、滝登りをする勢いのよい鯉にあやかるようにと鯉のぼりが空高く上げられるようになったのは江戸時代の終わりの頃。当初は紙で作られて室内で飾られ、種類も真鯉だけでした。明治時代になると布製になって緋鯉が加わり、昭和になると子どもの鯉のぼりもできて、家族を連想させるものになっていきます。邪気祓いの五色の吹き流しは続命縷《しょくめいる》（端午の節供に長寿を願って飾られた薬玉《くすだま》）の五色の糸が起源ともいわれ、高く掲げる竹竿は神様が降りる依り代の意味もありますとか。

鎧や兜などの武具は勇ましいだけではなく、災難から子どもを守るもの。武者人形は雛人形と同様に、子どもの厄を祓ってくれるものと捉えられてきたようです。

◆粽《ちまき》と柏餅

中国の戦国時代の楚《そ》の国で、すぐれた政治家であり詩人であった屈原は若くして出世したため妬まれ、職を追われました。後に国を憂いて、前に述べたように五月五日に川に身を投げたそうです。その屈原に手向けたものが粽のはじまりといわれています。日本では、魔よけになるといわれ、もち米や上新粉（うるち米を乾燥させて粉にしたもの）を練り、イネ科の茅《ちがや》の葉や笹の葉などで巻いて蒸したり、茹でて作ります。

柏餅は柏の葉が冬に枯れても落ちず、春になって新芽が出るまで枝についていることから、家系が途切れず縁起が良いとされています。上新粉の餅に小豆餡（砂糖が手に入らなかった時代は塩餡も）や味噌餡を入れて蒸し、柏の葉で包みます。端午の節供に柏餅を食べる習慣は江戸の町から広まったことから、今でも東日本で多く作られます。

初節句の時は、粽も柏餅もお祝いをいただいた方へのお返しや、ご近所への内祝いとしても配ります。

◆子は世の宝

江戸時代から明治時代にかけて来日した外国人の多くが、日本の大人たちが子どもたちをかわいがる姿を目撃し、村でも町でも元気に楽しげに大勢で遊ぶ子どもたちに出会って「子どもの楽園」、「子どもの天国」といった言葉を書き残しています。

大森貝塚を発見したアメリカ人モースは「私は、日本が子供の天国であることをくりかえさざるを得ない。世界中で日本ほど、子供が親切に取り扱われ、そして子供の為に深い注意が払われる国はない。ニコニコしている所から判断すると、子供達は朝から晩まで幸福であるらしい」と、その著書『日本その日その日』(2)―平凡社― で書いています。

「私は、これほど自分の子どもをかわいがる人々を見たことがない。子どもを抱いたり、背負ったり、歩くときには手をとり、子どもの遊戯をじっと見ていたり、参加したり、…子どもがいないといつもつまらなそうである。他人の子どもに対しても、適度に愛情をもって世話をしてやる。父も母も、自分の子どもに誇りを持っている」(『日本奥地紀行』平凡社)

これはイギリス人の旅行家イザベラ・バードが明治十一年に、日光で書いた文章です。

鞭などを使って厳しい躾をする欧米の人々から見ると、子どもに甘すぎるように感じられたこともあったようですが、子どもを大事にする日本の子育ては驚きをもって受け止められていました。泣きわめくことが少なく、機嫌のいい、穏やかな表情の赤ちゃんや幼子が多いことにも驚いていたようです。

天から授かった子どもを「世の宝」として、親だけでなく、親戚や近所、社会全体で、慈しみながら育てていた昔の日本。時代は変わりましたが、子どもが未来の社会を担うたいせつな存在であることに変わりはありません。子どもが笑っている国は、大人にとっても生きやすいところのような気がします。再び、子どもたちの笑顔がいっぱいの国になるといいですね。

六日頃　立夏　二十四節気

暦の上ではこの日から夏が始まります。緑がまぶしい、初夏。外に出て爽やかな風を楽しみましょう。

二十一日頃　小満

二十四節気

陽気が良くなり、万物の成長する氣が次第に長じて天地に満ち始めるころ。麦の穂が大いに育ち、麦秋《ばくしゅう》を迎えます。

＊母の日（五月の第二日曜日）

アメリカのウエスト・バージニア州の教会で一九〇八年五月九日にアンナ・ジャービスという女性が亡き母のために行った礼拝が、現在の母の日の起源とされています。社会活動家だったお母さんが、母の日の設立を願っていたことから、その三年目の命日に「母の日」を祝いました。第二日曜日でした。

カーネーションを胸に飾り、参列者にも配って、母親を称え、感謝したことが人々の共感を呼び、アメリカ全土に「母の日」の普及活動は広まっていったそうです。

一九一四年、議会は五月の第二日曜日を国民の祝日「母の日」に制定しました。日本では、明治時代の末頃から大正時代にかけて、キリスト教の教会で「母の日」が祝われましたが広まらず、一般に普及したのは第二次大戦後のことです。

＊父の日（六月の第三日曜日）

「母の日があるのに…」と、妻に先立たれた後、男手一つで六人の子どもを育ててくれた亡き父を想ってアメリカのドッド夫人が、父の誕生月だった六月に牧師さんに頼んで一九〇九年六月一九日に礼拝をしてもらったことがきっかけといわれています。

翌一九一〇年には最初の式典が行われ、会の後、ドッド夫人が亡きお父さんの墓前に白い薔薇を供えたことから、父の日の花が薔薇になったそうです。

父の日がアメリカで国民の祝日となったのは、一九七二年。日本には一九五〇年代に伝わりました。

＊みどりの日

この時期、野山の緑が勢いを増し、自然の豊かな生命力があふれるように感じられます。

かつての日本には、現在の私たちが使っているような意味での「自然《しぜん》」という言葉は存在せず、おのずからなるという意味の自然《じねん》、あの自然薯の自然でしたとか。

自然は保護するものではなく、人も、動物も、植物も自然の一部。生き物は等しく自然に生かされて存在するものだったようです。同時に山にも海にも木にも草にも、すべてに神が宿るとも信じられ、八百万の神々が敬われてきました。

英語のｎａｔｕｒｅの訳語としての自然《しぜん》が近代化とともに広まりましたが、大自然を畏れ、敬い、たいせつにする自然観は伝統の中に今なお息づいています。

■季節のうた

・から衣きつつなれにしつましあれば
はるばる来ぬるたびをしぞ思ふ　在原業平《ありわらのなりひら》
（なれ親しんだ愛しい妻を都に残してきたので、こんなに遠くに来てしまった旅がより一層辛く思われる）

・目には青葉山郭公《ほととぎす》はつ鰹《がつを》　山口素堂《やまぐちそどう》

・甍《いらか》の波と雲の波　重《かさ》なる波の中空《なかぞら》を
橘《たちばな》かおる朝風《あさかぜ》に　高く泳ぐや鯉のぼり
『鯉のぼり』文部省唱歌

六月

六月

一日 衣替え（ころもがえ）
六日頃 芒種（ぼうしゅ）
十一日頃 入梅（にゅうばい）
二十一日頃 夏至（げし）
三十日 夏越しの祓（なごしのはらえ）

野菜

らっきょう、隠元《いんげん》、枝豆、おくら、きゅうり、獅子唐辛子《ししとうがらし》、赤紫蘇《あかしそ》、大葉、蚕豆《そらまめ》、トマト、大蒜《おおびる》（ニンニク）、新生姜、葉生姜（谷中《やなか》生姜）、ピーマン、茗荷《みょうが》、高原キャベツ

魚介

真鯵、鮎、いさき、鰹、鱚、鱸《すずき》、飛魚、めばる、このしろ（新子）、穴子、泥鰌《どじょう》、海胆《うに》、車海老、栄螺《さざえ》、烏貝、ほや、岩牡蠣《いわがき》、もずく

果物

枇杷《びわ》、杏子《あんず》、梅、さくらんぼ、李《すもも》、メロン、ブルーベリー

花

紫陽花《あじさい》、花菖蒲、栗、夏椿、泰山木《たいざんぼく》、柘榴《ざくろ》、蛍袋《ほたるぶくろ》、紅花《べにばな》、萩、桔梗、河原撫子《かわらなでしこ》、姫紫苑《ひめじおん》、金糸梅、百合、露草、梔子《くちなし》、どくだみ、昼顔、立葵《たちあおい》

恵みの雨が田畑を潤します。五月雨（さみだれ）は、新暦の六月に降る雨、五月晴れは梅雨の合間の青空を指しました。湿気の多い時期ですが、少し工夫をして体調を整え、暮らしを楽しみましょう。

一日　衣替え

平安時代の宮中では旧暦の四月一日と十月一日に衣装や調度を替えました。

明治時代になって制服が普及すると現在のように六月と十月が衣替えの月になりました。

江戸幕府の衣替えは旧暦の四月一日、五月五日、九月一日、九月九日の四回。袷《あわせ》、帷子《かたびら》（裏地の無い単衣）、袷《あわせ》、綿入《わたい》れの順に衣替えが行われました。四月一日に冬の間、防寒のために入れておいた綿を抜いて袷にしたことから、「四月一日」と書いて「わたぬき」と呼ぶ名字があります。

◆着物のきほん

平安時代の朝廷の高位の女性たちが着用していた女房装束《にょうぼうしょうぞく》（俗称十二単《じゅうにひとえ》）の一番下に着ていた「小袖《こそで》」が、現在の着物の始まりといわれています。時代が下るにつれて重ね着は簡略化して、江戸時代の元禄の頃には今の着物に近い形になりました。

四季に合わせて仕立て方や材質、柄などが変わり、場所や状況によっても種類が変わりますが、堅苦しく考え過ぎずに、日本の伝統的な美の世界を楽しんで着てみましょう。

準備や着付けなど、洋服に比べると手間はかかりますが、着物には着る人の体型を美しく見せてくれる力もあります。きれいに着るコツは、なんといっても慣れること。数をこなしていくと、だんだん自分に合った着方ができるようになります。

六日頃　芒種《ぼうしゅ》　二十四節気

イネ科の植物の実の外殻にあるとげのような毛を芒《のぎ》といいます。芒のある穀物の種を播く時期という意味ですが、現在の種まきはもっと早くに行われています。

十一日頃　入梅　雑節

暦の上の梅雨入りである入梅は、二十四節気の芒種の後の五日目。江戸時代は芒種の後の最初の壬《みずのえ》の日でした。壬は陰陽五行説では水の力が強い日とされています。梅雨明けは小暑（七月七日頃）の後の最初の壬の日と暦学者が目安をつけていました。

約一カ月、梅雨の時期が続きます。洗濯物はなかなか乾きませんが、米作りにはたいせつな雨が降ります。梅の実が色づく頃。

■雨の名前

青梅雨（あおつゆ）…新緑に降り注ぐ雨。

雨喜（あめよろこび）…日照り続きで困っている時に降る雨。喜雨《きう》。

狐の嫁入り（きつねのよめいり）…日が照っているのに小雨が降ること。天気雨。

霧雨（きりさめ）…小さな水滴がかすかな気流に舞いながら煙るように降る雨。

紅雨（こうう）…春、咲く花に注ぐ雨。

白雨（しらさめ）…夕立。にわか雨。

驟雨（しゅうう）…急に降りだす雨。にわか雨。夕立。

慈雨（じう）…万物をうるおして育てる雨。また、日照り続きの時に降る恵みの雨。甘雨。

月の雨（つきのあめ）…晴れていれば美しい秋の月が見えるのに、それを隠している雨。

時雨（しぐれ）…主に晩秋から初冬にかけて降ったりやんだりする小雨。そのような天気模様。

＊和傘
　中国から伝わった傘は閉じることができないものでした。野外に立てたり、お付きの人が差し掛けて、日除けや魔除け、権威を象徴するものとして使われていました。平安時代

の絵巻物にも、貴族のそうした傘が描かれています。

その後、さまざまな改良が重ねられ、和紙に油を塗って水をはじき、開閉もできる和傘が誕生します。

江戸時代に入ると、それまで雨の日は菅笠《すげがさ》や蓑《みの》を使っていた庶民にも手が届くものになりました。元禄年間には、蛇の目傘が作られはじめ、美しさも兼ね備えた傘が人気を集めるようにもなったようです。浮世絵にも傘を差したおしゃれな女性たちがたくさん登場しています。

幕末から日本に入ってきた洋傘が明治時代になると広まり、和傘はとても少なくなりましたが、作り続けている職人さんもおられますので、着物好きの方にはお勧めします。使った後は水気を切り、陰干しにしておきます。

二十一日頃　夏至　二十四節気

北半球では一年で一番昼間が長く夜が短い日。冬至の頃に比べると四時間以上、昼間の時間が長くなります。太陽が最も高い位置で燦々《さんさん》と輝く日ですが、梅雨の時期のため日本では雨雲に日差しが遮られることがしばしばです。本格な暑さは夏至の約一カ月後に到来します。

＊短夜（みじかよ）
春は「日永《ひなが》」、夏は短夜、秋は「夜長」、冬は「日短《ひみじか》」、日本には季節を表わす言葉がたくさんあります。

三十日　夏越しの祓《はらい》（はらえ）

六月三十日は、ちょうど一年の半ば。各地の神社では夏越しの祓と呼ばれる茅の輪くぐりや、氏名と年齢を書いて、身体を撫で、息を吹きかけて穢れを託した紙の人形《ひとがた》を納める行事が行われます。この背景には、一年を正月から六月までと、七月から十二月までの二期に分けて捉える古くからの考え方があったのではないかと指摘されています。

この夏越しの祓は大晦日の大祓に対応しているとされています。

一年の折り返し点のこの日、半年分の穢れを祓って災厄を避け、清々しい気持ちで一年の後半へ向けスタートするのもいいですね。

■季節のうた

・かへりこぬ昔を今と思ひ寝《ね》の夢の枕ににほふ橘《たちばな》　式子内親王《しょくしないしんのう》
（戻ってこない昔を今のことのように思いながら寝入ると、うつらうつら夢を見る
枕辺に、漂ってくる橘の香りよ）

・紫陽花《あじさい》や昨日の誠《まこと》今日の嘘《うそ》　正岡子規《まさおかしき》

・あめあめ　ふれふれ　かあさんが　じゃのめでおむかい　うれしいな
ピッチピッチ　チャップチャップ　ランランラン『あめふり』　北原白秋《きたはらはくしゅう》作詞

七月

七月

一日	山開き（やまびらき）
二日頃	半夏生（はんげしょう）
七日	七夕（たなばた）
七日頃	小暑（しょうしょ）
十三日～十六日頃	新暦のお盆（しんれきのおぼん）
二十日頃	夏の土用入り（なつのどようのいり）
第三月曜日	海の日（うみのひ）
二十三日頃	大暑（たいしょ）

野菜

青唐辛子、隠元、枝豆、おくら、きゅうり、獅子唐辛子、南瓜《かぼちゃ》、冬瓜《とうがん》、大蒜
赤紫蘇、大葉、新生姜、葉生姜（谷中生姜）、玉蜀黍《とうもろこし》、トマト、茄子《なす》、ゴーヤ、
ピーマン、茗荷、高原キャベツ

魚介

真鯵、鮎、鱧《はも》、鱚、鰻、穴子、鱸《すずき》、泥鰌《どじょう》、車海老、海胆《うに》、鮑《あわび》、ほや、土用蜆、
烏貝、岩牡蠣、昆布

果物

梅、さくらんぼ（上旬まで）、国産マンゴー、李、
メロン、ブルーベリー、桃（梅雨明けから）

花

朝顔、梔子《くちなし》、紅花、百合、鳳仙花《ほうせんか》、女郎花《おみなえし》、半夏生《はんげしょう》、槐《えんじゅ》、青桐《あおぎり》、松葉牡丹、
立葵《たちあおい》、蓮、浜木綿《はまゆう》、待宵草、夾竹桃《きょうちくとう》、白粉花《おしろいばな》、ダリア、木槿《むくげ》、向日葵《ひまわり》、
百日紅《さるすべり》、日日草、カンナ、桔梗、萩、河原撫子、昼顔

梅雨が明けると、いよいよ夏本番。海に山に出掛ける季節の到来です。

一日　山開き

古くから日本では山は神様の籠る、神聖な場所とされてきました。そのためみだりに立ち入ることは憚《はばか》られていましたが、一定の期間、修行のために登ることが許されるようになり、それに伴って山開きの神事が行われるようになりました。日取りは各地で異なりますが、現在の七月一日は富士山の山開きの日。

登山をスポーツやレジャーとして考えるだけでなく、昔の人々のように聖なる場所に赴《おもむ》くことという意識を持てば、ゴミの投げ捨てや高山植物の被害は無くなるのではと思います。

＊かつて霊峰では、人々は白装束に身を包み、金剛杖《こんごうづえ》を手にし、「懺悔《さんげ》、懺悔《さんげ》、六根清浄《ろっこんしょうじょう》」と唱えながら登りました。この「ろっこんしょうじょう」が短くなって「どっこいしょ」

になったとか。六根清浄とは、眼耳鼻舌身意《げんにびぜつしんに》の六根が清らかになることをいい、人間の身心が種々の功徳に満ちて清浄になることだそうです。

＊日本三大名山は、富士山と白山（岐阜県と石川県にまたがる）と立山（富山県）ですが、各地に信仰の対象とされてきた霊山がたくさんあります。

二日頃　半夏生　雑節

夏至から数えて十一日目ごろ。「半夏半作《はんげはんさく》」といってこの頃までに田植えを終えないと稲の収穫が半分になるという諺があり、農耕の大事な日安の日となっていました。

半夏生は半夏《はんげ》と呼ばれる「烏柄杓《からすびしゃく》」が生えだす時期から名づけられたとも、半夏生《はんげしょう》と呼ばれる「片白草《かたしろぐさ》」の葉が半分、化粧をしたように白くなる頃なのでこの名になったともいわれています。

一年で最も湿気の多い不快な頃ですので、「天から毒が降り、地から毒草が生える」という言い伝えがありました。場所によっては井戸に蓋をしたり、山菜や野菜の収穫を控える風習も。

関西ではこの日、蛸《たこ》の足のように稲の根がしっかり張るようにと、豊作を祈って蛸を食べる地域があります。

七日　七夕

色とりどりの短冊が風に揺れる七夕祭りも、雛祭りや端午の節句と同じように中国伝来のものと日本古来の風習が複雑に重なって今日のかたちになりました。

江戸時代には五節供の一つにもなり、武家や庶民にも広まりました。

牽牛《けんぎゅう》と織女《しょくじょ》の伝説、その伝説が生んだ乞巧奠《きこうでん》が中国から伝わり、もともと日本にあった棚織女《たなばたつめ》の信仰と結びついて七月七日の夕方、「しちせき」を「たなばた」と呼ぶようになりましたとか。

お盆にご先祖さまを迎える準備の時期でもあり、水と結びついた禊のしきたりが各地にあります（七夕にまつわる行事はどれも旧暦で行われて来たものですが、幼稚園や学校などは新暦でいたしますので、現在の七月のページにいたしました）。

◆牽牛と織女（けんぎゅうとしょくじょ）

日本では彦星と織り姫と呼ばれる牽牛と織女が年に一度だけ会うことが許されたのが七夕です。はやくに日本の宮廷に伝わり、万葉集にもロマンテックな牽牛と織女の逢瀬をテーマにした歌が詠まれています。新暦では梅雨のさなかですが、旧暦では八月の上旬ごろ。夏の夜空に天の川を挟んで彦星（わし座の一等星アルタイル）と織り姫（こと座の一等星ベガ）が輝きます。

旧暦の七日は上弦の月ですので、満月ほどは明るくなく、二星の光を邪魔することはありません。この頃、天の川は南北に流れて、月が南の天の川の線上に来ると程良い明るさで天の川を隠すため、彦星と織り姫が出会っているように見えるとか。是非、旧暦の七夕の夜空をご覧ください。

◆乞巧奠（きこうでん・きっこうでん）

年に一度会うことが叶うこの日に、器用な織女にあやかって、裁縫が上手になりますようにと供え物をして女性たちが祈ったのが乞巧奠です。

日本にも伝わり、平安時代の宮中では、清涼殿に机が並べられ果物などを供え、梶《かじ》の葉に和歌や願い事を書いて手向けました。裁縫だけでなく書道や詩歌の腕前の上達を祈っていたそうです。

現在のような笹竹に短冊や様々な飾りをつける七夕飾りは、この乞巧奠がもとになっているといわれています。

◆棚機女（たなばたつめ）

日本には古くから、人里離れた清らかな水辺に設けられた棚の上の機屋《はたや》に籠《こも》り、神様の訪れを待ちながら、神様に捧げる布を織る聖なる乙女、棚機女の信仰がありました。棚機女が、訪れた神様の一夜妻となることで村から穢《けが》れを持ち去っていただくと考えられていたようです。

◆お盆を前に

青森の「ねぶた」や秋田の「竿灯《かんとう》」もお盆を前にした祓いの行事が元になっているといわれています。環境保護のため現在ではしませんが、飾ったあとの笹竹を海や川に流すことも祓い清めの一つとされていました。

七月七日には水浴びや女性の洗髪、牛馬の水浴び、井戸浚《さら》いなど水による清めの習慣のほかに七日盆としてお墓の掃除をしたり、ご先祖様が乗る七夕馬を作る地域もあります。

また、庭に設けた棚や笹竹に、ふくらんできた稲の穂や野菜の初物を供えるところもあり、稲の豊作祈願や野菜の収穫感謝の色合いを含んでいるともいわれています。

七日頃　小暑　二十四節気

夏至の十五日後、ほぼ七夕と重なり、これから暑さが本格化していきます。

◆お中元

中国には、旧暦の一月一日を上元、七月十五日を中元、十月十五日を下元として一年を三つに区切り、それぞれの日に、供え物をする道教のお祭りがありました。

中元では亡魂供養が行われたそうです。期日が一致したこともあり、日本に伝来してからは、もともとあった祖先を祀るならわしと結びついて、中元はお盆に際して、お盆にお供えする物やそれを贈る行事を指すようになりました。

現在ではお歳暮と同様に、お世話になっている方に感謝の品を贈ります。昔は米や小麦粉、素麺《そうめん》等お供え物になるものが主でしたが、今はあまりこだわらず様々な品がデパートなどから配送されています。持参せず、配送する場合は、手紙やカードを添えると丁寧な感じが伝わります。

七月のはじめから十五日までに贈るのが一般的ですが、お盆を月遅れで行う地域では八月に入ってから贈る場合もあります。お中元とお歳暮のどちらかを贈るとしたらお歳暮にします。頂いたお中元の品が届きましたらお礼を先方に伝えましょう。特に親しい方でしたら、電話やメールでもよいかと思いますが、通常はお礼の葉書、あらたまった場合は手紙を書きます。

十三日〜十六日頃　新暦のお盆

旧暦の七月十三日から十六日頃がお盆の時期でしたが、明治時代に政府が新暦をすすめたため、そのお膝元だった東京の都市部では新暦で行われるようになったといわれています。農作業が忙しい時期にあたるため、ゆっくりご供養できないと八月に月遅れでお盆の行事を行う地方もたくさんあります。

＊新暦・月遅れ・旧暦

明治新政府は旧暦の明治五年十二月三日を新暦の明治六年一月一日と改め、現在使われているグレゴリオ暦（太陽暦）を導入しました。日本で長い間、月の満ち欠けを軸に作られた旧暦（太陰太陽暦）で暮らしていた人々は大混乱。新暦から見ると毎年変わる旧暦の日付を換算するのが大変なので、単純に一ヵ月遅らせる「月遅れ」が使われるようになりました。

二十日頃　夏の土用入り　雑節

立春、立夏、立秋、立冬、それぞれの前日までの十八日間が土用で、年に四回あり、その最初の日を「土用の入り」と呼びます。各季節の終りの時期で年に四回ありますが、立秋前の夏の土用が一番知られていますね。

暑さを乗り切るため、精のつくものを食べる習慣があります。何と言っても夏バテの予防には鰻《うなぎ》。万葉集にも鰻が夏痩せによいと大伴家持が詠んだ歌が載っています。

有名な土用の丑の日の鰻は、江戸時代、売れない鰻屋さんに看板を頼まれた蘭学者の平賀源内が「本日土用丑の日」と書いたところ、評判を呼び、お客さんが大勢押し寄せたことから始まったという説も。

この日に土用餅や土用卵、土用しじみを食べる土地も多く、また、鰻以外にも「う」の字がつく、うどんや瓜《うり》、梅干しも夏負けしないようにと食べられています。

土用の時期には梅干し用の梅を干したり、書物や着物を陰干しする「土用干し」が行なわれます。

＊土用のお話

中国の陰陽五行説では宇宙は木・火・土・金・水から出来ていると考えられています。春は「木」、夏は「火」、秋は「金」、冬は「水」が、それぞれ支配するとされ、残った「土」を各季節の終りに配置したといわれています。

土用は「土旺（どよう）」とも書かれ、「旺」は勢いが強いことでその季節の最も勢いが強い時期でもあるとされています。

最終日は季節の変わり目である「節分」です。

春の土用　四月十七日頃～五月五日頃
夏の土用　七月二十日頃～八月七日頃
秋の土用　十月二十日頃～十一月七日頃
冬の土用　一月一七日頃～二月三日頃

第三月曜日　海の日　国民の祝日

「海の恩恵に感謝するとともに、海洋国日本の繁栄を願う」ために平成七年（一九九五年）、国民の祝日に制定され、翌年から実施されました。昭和十六年に制定されていた「海の記念日」が七月二十日でしたので当初は二十日でしたが、平成十五年（二〇〇三年）の祝日法の改正で第三月曜に。

世界の国々で「海の日」を国民の祝日としているのは日本だけとか。そういえば、日本列島の周りは全部海でした。「白砂青松《はくしゃせいしょう》」、白い砂に松が映える美しい日本の海岸風景をたとえた言葉があります。

時として恐ろしい海ですが、私たちの生命の源でもあります。海も海岸もそれにつながる川も、大切にしてきれいにしていきたいですね。

＊海の記念日

明治天皇が明治九年（一八七六年）に、それまでの軍艦ではなく灯台視察用の汽船「明治丸」で東北地方を巡幸され、七月二十日に横浜港に帰着されたことにちなみ、昭和十六年、当時の逓信大臣の呼びかけで海事思想の普及や海洋精神を高めるために「海の記念日」が制定されました。

二十三日頃　大暑　二十四節気

厳しい暑さが到来する頃です。風鈴の音色が涼しさを呼びます。涼風が恋しい日々が続きます。

◆暑中見舞い

小暑から立秋の前日までに届くように出すものとされていますが、実際は梅雨が明けてからの方が季節感にあっています。梅雨明け前は「梅雨御見舞」、立秋が過ぎてからは、まだまだ暑くて「残暑御見舞」になります。

◆暑気払い

暑気払いというと現代では冷たい生ビールで乾杯する宴会をイメージしますが、昔は熱い甘酒や枇杷葉湯《びわようとう》を飲んで汗をかいて身体を冷やしたり、熱を下げる働きがある夏野菜を取ることで暑気払いをしていたようです。

■季節のうた

・何ごともかはりはてぬる世の中にちぎりたがはぬ星合《ほしあひ》の空　建礼門院右京大夫《けんれいもんいんうきょうのだいぶ》

（何もかもが変わってしまったこの世で、年に一度二つの星（牽牛と織女）が出会う約束は守られている星合の空よ）

・閑《しずけ》さや岩にしみ入る蝉の声　　松尾芭蕉《まつおばしょう》

・我は海の子　白浪の　さわぐいそべの　松原に
煙たなびく　とまやこそ　我がなつかしき　すみかなれ
『われは海の子』　文部省唱歌

陰陽五行《いんようごぎょう》

古代の中国では万物を陰と陽の二つに分けました。例えば、太陽は陽で、月が陰、奇数が陽で偶数が陰、男性が陽で、女性が陰、表が陽で、裏が陰という具合です。

陰と陽は、対立し対比したかたちで存在しながら、互いに消長を繰り返して、陽が極まれば陰が萌すというように循環するものと考えられました。これが陰陽説です。

この陰陽説に、天地の間のあらゆるものは「木《もく》・火《か》・土《ど》・金《ごん》・水《すい》」の五つの要素から成り立つとする五行説が結びついてできたのが「陰陽五行」と呼ばれる中国古代の思想です。五行の「行」という文字には、巡るという意味があり、「木・火・土・金・水」の五つの要素が循環することによって自然も人も社会も変化すると考えられてきました。陰陽五行は万物の在り方、変化を読み解く法則として様々な分野で用いられています。

中国の影響を大きく受けた古代の日本では、陰陽五行の思想も取り入れて国の制度を整えて行きました。

◉陰陽五行と色

陰陽五行を生み出した古代の中国の哲学では、季節が順当に循環することで天下が治まり、人々の暮らしが安定すると考えました。季節や方位を青赤黄白黒の五色で象徴し、国を統べる天子は四季が順当に巡るように祈願したといわれています。

「天子は、立春には青い衣、青い玉を身に着け青馬に乗って東郊に春を迎えに行き、立夏には赤衣赤玉を身に着けて南郊に夏を、立秋には白衣白玉で西郊に秋を、立冬には黒衣黒玉で北郊に冬を迎えに行き、夏の土用には黄衣黄玉を身に着けて中央の大廟に居る」

と中国の古典『礼記《らいき》』には書かれているそうです。

この色彩についての考え方は時とともに日本人の暮らしの中にも浸透し「青春」「青年」などの言葉や、大相撲のつり屋根の房の色などに、今日でも見つけることができます。

＊古代中国では「黄色」が最高の色

東アジアの文明のゆりかごとなった黄河。黄河とその支流の周辺では農耕が盛んになり、集落が生まれ、小さな都市国家が誕生し、やがて王朝も出現しました。

中央アジアの砂漠から偏西風に乗って、また、黄河の流れによって運ばれた黄土は農耕のもととなり、黄土の色である黄色は、すべてのものを生み出す、最も貴い色とされたそうです。中国では「黄色」が最高の色になり、黄色の袍《ほう》を着ることができるのが皇帝だけでした。

〈五行配当表〉

五行	木	火	土	金	水
五時	春	夏	土用 (中央)	秋	冬
五方	東	南	中央	西	北
五色	青	赤	黄	白	黒
五常	仁	礼	信	義	智
五感	目	耳	鼻	口	皮膚
五臓	脾臓《ひぞう》	肺臓	心臓	肝臓	腎臓
五味	酸味	苦味	甘味	辛味	鹹味《かんみ》 (塩辛い)
五獣	青龍《せいりゅう》	朱雀《すざく》	黄龍《こうりゅう》	白虎《びゃっこ》	玄武《げんぶ》

八月

八月

七日　月遅れの七夕（つきおくれのたなばた）
八日頃　立秋（りっしゅう）
十一日　山の日（やまのひ）
十三日〜十六日頃　月遅れのお盆（つきおくれのおぼん）
二十四日頃　処暑（しょしょ）

野菜

青唐辛子、隠元豆、枝豆、おくら、きゅうり、里芋、獅子唐辛子、大葉
南瓜、冬瓜、玉蜀黍《とうもろこし》、トマト、茄子、ゴーヤ、葉唐辛子、ピーマン

魚介

鱧《はも》、鮎、真鰯、かんぱち、穴子、鱸《すずき》、太刀魚、鮑《あわび》、車海老、海胆《うに》

果物

西瓜《すいか》、桃、葡萄《ぶどう》、李《すもも》、梨《なし》、国産マンゴー、メロン

花

芙蓉《ふよう》、朝顔、松葉牡丹、向日葵《ひまわり》、百日紅、木槿《むくげ》、立葵、日日草、カンナ、
秋海棠《しゅうかいどう》、白粉花、ダリア、鶏頭《けいとう》、秋桜《こすもす》、百合、桔梗、萩、河原撫子

暑さが続きますので身体をいたわりながらお過ごしください。

八日頃　立秋　二十四節気

暦の上ではこの日から、秋になりますが、まだまだ厳しい暑さが続きます。残暑は立秋から秋分までの暑さのこと。無理をせず、元気に残暑を乗り越えましょう。

『古今和歌集』には、藤原敏行《ふじわらのとしゆき》の「秋立つ日（立秋の日）よめる」と題した歌が載っています。

あききぬと　めにはさやかに見えねども　風のおとにぞ　おどろかれぬる

（秋が来たとは目にはっきり見えないけれども、風の音にはっと秋の訪れに気がつきました）

十一日　山の日　国民の祝日

法律の改正で、平成二十八年から、「山に親しむ機会を得て、山の恩恵に感謝する」日として、国民の祝日「山の日」となりました。十一日になったことについての昔からの意味は、特になく、お盆休みとつながって長期の休暇がとりやすいようにと配慮されたようです。この「山の日」の施行により、国民の祝日の年間日数は十六日になりました。

十三日〜十六日頃　月遅れのお盆

精霊会《しょうりょうえ》とも盂蘭盆会《うらぼんえ》とも呼ばれるお盆。昔は旧暦の七月の満月、十五日を中心に行われていました。現在でも、旧暦のまま行うところもありますが、月遅れの八月十三日の迎え盆から、十六日の送り盆にかけての四日間をお盆とする地域が多いようです。

もともとわが国では、一年を二期に分け、お盆もお正月もその折り目のはじめの大事な時として家にご先祖様の精霊をお迎えし、丁重にもてなし、またお帰りいただいて暮らしの安穏と豊作や繁栄を願っていたそうです。そのため、お盆とお正月のしきたり中には、共通する要素が多いとか。この古来の祖先信仰と仏教が結びついて、日本ならではのお盆の習慣が生まれたといわれています。

推古天皇の十四年（六〇六年）には『仏説盂蘭盆経《ぶっせつうらぼんきょう》』にもとづく中国から伝わった盂蘭盆会が朝廷に取り入れられ、斉明天皇の三年（六五七年）には飛鳥寺で盂蘭盆会が開かれています。その後、宮中の年中行事になり、寺院や貴族、武家の世界で行われるようになりました。以前からあった御魂祭りと融合して次第に民間にも広まったといわれています。

今のようなお盆の行事になったのは江戸時代になってからのようです。現在、各地のお寺ではお盆の時期に、餓鬼道《がきどう》に堕ちて苦しむ霊を含め、供養されないあらゆる霊を供養する施餓鬼供養《せがきくよう》とご先祖様の冥福のための追善供養が行われています。

◆盂蘭盆の由来

お釈迦様に弟子の目連《もくれん》尊者が「地獄で逆さ吊りにあって苦しんでいる亡き母を救いたい」と助けを求め、お釈迦様の教えに従って、七月十五日に夏の修行を終えた僧侶たちにたくさんご馳走し供養したところ、母親が救われたという説話から、盂蘭盆はサンスクリット語の「ウラバンナ」（逆さ吊り）を漢字で音訳したものという説。

また、三世紀以降、西域や中国で活動していたソグド人の死者の霊魂を示す言葉「ウルヴァン」が「盂蘭盆」の原語であるとする説もあります。

他にも盂蘭盆とは別に、精霊に供えるものを入れる器の名前からというものなど「盆」の名前の由来には諸説ありますが、ご先祖様をお迎えして親族が集まり、ご供養して心を通わせる大切な期間であることに変わりはありません。

◆生見玉（いきみたま）

生盆《いきぼん》ともいい、両親が健在する人が食べ物を持って実家に帰り、両親と飲食を一緒にしてお祝いするならわしが各地にあります。持参する生見玉《いきみたま》には塩鯖《しおさば》などの盆魚と呼ばれる魚類が多いようです。お盆の行事は亡くなった人たちの霊の供養を主にしていますが、両親が長寿で健在の場合は、生きている御霊《みたま》としての両親に供物をする習俗もあります。

◆お盆のしきたり

お盆のしきたりは地域によっても家庭によっても様々です。ここでは一般的なものをご紹介します。お盆の準備で、七日にお墓や仏壇を掃除する七日盆をする地域があります。今も丁寧にお盆の行事をなさるお宅もたくさんありますが、前もってお墓や仏壇、家の中など綺麗に掃除し、自分たちも身綺麗にしてお盆を迎える人たちが昔は多かったようです。

亡くなって初めて迎えるお盆を新盆（にいぼん、あらぼん、しんぼん）、初盆（はつぼん）と呼び、特に手厚くご供養します。新仏は亡くなって日が浅いため、この世への未練があり、荒々しさが残っていると考えられているため、家族は通常のお盆より早目に準備して期間も長くします。故人と親しかった人たちを招いてご供養する家庭も多いようです。親戚などが贈る盆提灯は柄入りのもの。煙と香りが仏様のご馳走となるといわれるお線香も、果物などのお供えと並んで新盆のお宅への贈答品としてよく用いられます。

新盆には玄関先などに白無地の提灯を十三日より早く掲げる地域が多く、各地に新仏をご供養する特別のならわしがあります。

十三日　精霊迎え・迎え盆（お盆の入り）

ご先祖様の霊（精霊《しょうりょう》様・仏様）をお迎えする日です。

朝、精霊棚や先祖棚とも呼ばれる盆棚を飾ります。精霊様をお迎えし供養する棚で、仏壇の前に小机を置いて作ります。棚の上に仏壇から出した位牌、香炉などを並べ、花を飾り、季節の野菜や果物、団子などの食べ物や水、仏様の乗り物になる胡瓜の馬と茄子の牛をお供えします。

夕方、ご先祖様たちが迷わずに帰ってこられるように玄関先や庭で迎え火を焚きます。迎え火は焙烙《ほうろく》に麻の茎である麻幹《おがら》や藁《わら》など燃やします。お墓が近くにある場合はお墓参りをしてお迎えに行き、玄関で迎え火を焚《た》く地域もあります。お迎えしましたら、盆棚に食事をお供えします。

盆棚が作れない場合は仏壇でもよいですし、迎え火が焚けない住まいでしたら、ろうそくを灯すだけでもよいと思います。心をこめることができれば、ご先祖様には通じると思います。

火の扱いにはご注意ください。

＊お盆のお供え物

お供えは五供《ごく》が基本といわれています。お線香などの香、花、ろうそくなどの灯り、新鮮で清らかな水、魚や肉など以外の飲食物です。

・盆花迎え（ぼんばなむかえ）

昔は十三日の朝、山に出かけ、盆棚にお供えする桔梗やほおずきなどの盆花を採りに行くことを盆花迎えと呼んでいました。この盆花にご先祖様の霊が乗って来られると考えられていたようです。お正月の準備で松迎えすることと共通するものがあります。

・盆市（ぼんいち）

地域によって草市や花市など、名前は様々ですが、十二日頃から花や盆棚に敷く真菰《まこも》の筵《むしろ》、野菜や果物を盛った籠、蓮の葉、麻幹《おがら》などお盆に必要なものを売る市が立ちます。今は花屋さんや八百屋さん、スーパーマーケットで購入することも多くなっています。

十四・十五日

ご先祖様の霊が家にいてくださる期間ですので、朝・昼・晩に素麺《そうめん》など肉や魚を使わない食事をお供えします。生前の好物もお供えできるといいですね。

お坊さんを招いて棚経をあげていただいたり、親戚の家の盆棚をお参りしたりもします。

十五日に送り火を焚いて精霊送りをする地方もあります。

十六日　精霊送り・送り盆（お盆明け）

再びあちらの世界に帰られるご先祖様方をお見送りします。迎え火と同じ位置で、無事に戻られるよう送り火を焚きます。お墓が近くでお迎えした場合は送りながらお墓参りをします。送り火の後に、お供えや盆棚の飾り物を載せた精霊舟や燈籠《とうろう》を流す「精霊流し」

や「燈籠流し」を行う地域もあります。

＊大文字焼き（五山《ござん》送り火）

八月十六日の夜、京都の三方を囲む五山に燈される「大文字」「妙法」「船形」「左大文字」「鳥居形」は壮大な送り火です。お盆に訪れた精霊は大文字焼きを見ながら帰って行かれるといわれています。

＊盆踊り

この季節、全国各地の広場や公園で盆踊りが行われます。盆踊りも本来は亡くなった人々を慰め、ともに踊って喜び、彼岸に送り出すためのものといわれています。徳島県の阿波踊りや岐阜県の郡上踊りも盆踊りです。

母が生きていた頃は、それほどの思い入れもなく、ただ手伝うだけでしたが、父の後、母も亡くなるとお盆がとても意味のあることに感じるようになりました。

お盆を迎えると台所に立ち続け、せっせと仏様に精進揚げや素麺、煮物などお供えしていた母の姿を思い出しながら慣れない料理を作ります。

「お団子の作り方、ちゃんと聞いておけばよかった」「おじいちゃん、おばあちゃんの好物をもっと聞いておけばよかった」としみじみ思います。

ベランダで迎え火や送り火を焚き、市販のお惣菜もお供えしてのささやかな供養ですが、懐かしい気持ちに包まれる四日間が私のお盆です。

お盆はご先祖様たちと一緒に過ごす時ですが、お盆休みで久し振りに会う家族や親戚や友人と過ごせる時でもあります。また、休みを利用して旅行をしたり、一人自宅で過ごす時でもあります。

どちらにしても、普段の生活とは異なった賑やかさや静けさの中で、自分のいのちの源を振り返る機会になっているような気がします。

昔の人たちのお盆への思いがよく伝わる本があります。ご興味のある方は杉本鉞子著『武士の娘』（筑摩書房）の盂蘭盆のところをお読みください。美しい日本語でせつないほど優しい明治時代の初めの頃のお盆の情景が書き遺されています。

二十四日頃　処暑　二十四節気

処暑とは暑さが止まる意味。残暑が少し和らぐ頃とされています。

季節のうた

・風吹けば蓮《はす》の浮葉に玉越《こ》えて涼しくなりぬひぐらしの声　源俊頼《みなもとのとしより》

・迎え火や父の面影《おもかげ》母の顔　加舎白雄《かやしらお》

・送り火や今に我らもあの通り　小林一茶

・どんとなった花火だ　きれいだな
空いっぱいにひろがった　しだれやなぎがひろがった
『花火』文部省唱歌　井上赳《いのうえたけし》作詞

九月

九月

一日	二百十日（にひゃくとおか）
八日頃	白露（はくろ）
九日	重陽の節供（ちょうようのせっく）
第三月曜日	敬老の日（けいろうのひ）
二十三日頃	秋分の日（しゅうぶんのひ）
旧暦の八月十五日	十五夜（じゅうごや）

野菜 南瓜、冬瓜、里芋、さつま芋、玉葱、じゃが芋、松茸、椎茸、茄子《なす》、ゴーヤ、胡麻《ごま》、葉唐辛子

魚介 秋刀魚、鰯、鯖、かます、太刀魚、戻り鰹、鮭

果物 いちじく、かぼす、栗、すだち、梨、葡萄、あけび、柘榴《ざくろ》

花 彼岸花、竜胆《りんどう》、鶏頭《けいとう》、孔雀草、葛《くず》、秋桜《コスモス》、秋海棠《しゅうかいどう》、秋明菊《しゅうめいぎく》、野牡丹《のぼたん》、萩、桔梗、河原撫子

去りゆく夏を惜しみながら、少しずつ身の回りを片付けて秋を迎えましょう。

一日　二百十日　雑節

立春から二百十日目。風が強い日として注意を要する日とされて来ました。

旧暦の八月一日である八朔《はっさく》と、この二百十日、さらに十日後の二百二十日は、嵐が来襲しやすい荒日《あれび》の三大厄日と怖れられてきたそうです。重要な稲作の収穫前のたいせつな時期ですので台風の被害が心配され、各地で農作物を風の被害から守るための風祭りが行われてきました。

哀愁を帯びた胡弓《こきゅう》の音色でも知られる越中八尾の「おわら風の盆」は風神を踊りにあわせて送り出してしまう風祭りでもあるそうです。

八日頃　白露　二十四節気

日中はまだ暑いものの、朝夕は少し涼しくなります。「朝露が草の葉に宿り、白く輝く頃」です。

九日　菊の節供

旧暦の九月九日は、菊の節供。菊はまたの名を「翁草《おきなぐさ》」「齢草《よわいぐさ》」「千代見草」ともいい、不老長寿の霊力を待つと考えられてきました。古来、中国では陽数（奇数）を縁起がよいとしましたが、その陽数が重なると逆に陰に転じるとも考えられ、邪気を祓い神様を迎える行事が必要とされたようです。それが次第にお祝いのかたちになっていったといわれて、陽数の最大である九が重なる九月九日を重陽と呼んで、特にめでたい日として祝ってきました。
古く中国ではこの日、家族や友人と連れ立って近くの小高い丘に、香りの強い茱萸《しゅゆ》を身につけて登り、菊の花を杯に浮かべた菊花酒を飲み交し、物を食べると長寿になると信じられていたそうです。

この習わしが日本に伝わり、菊花の宴が催され、平安時代には正式な宮廷行事として重陽の宴が催されるようになりました。菊花酒のほか、前日に菊の花に綿を被せて戸外に出しておき、香りと露を移し、重陽の日にその綿で顔や体を拭う「菊の被《き》せ綿《わた》」も行われていたそうです。菊の霊力が邪気を祓い、清められて若さが保たれ、長寿になるとされていました。

江戸時代になると重陽は幕府の五節供の一つとなり、五節供の中でも特に重きがおかれて盛大な祝宴が催されるようになりました。地方の武士の間でもお祝いがされるようになり、農村では秋の収穫のお祭りと習合して「くんち」などの秋祭りにもなったともいわれています。

栗ご飯を食べるので栗節供と呼ばれます。

＊菊の花

菊は中国から伝来した植物です。菊のキクは音読みで当時の中国の発音をまねたものといわれています。万葉集には菊は見られず、平安時代の古今集の頃から菊の文字が登場するそうです。

＊菊慈童（きくじどう）

周の穆王《ぼくおう》に仕えていた童（慈童）が、ある時、誤って帝の枕の上を越えてしまいました。枕はとても重要なものとされていましたので、死罪になるところでしたが、故意ではなかったので人間が生きていけないような厳しい山の奥への流刑となりました。穆王は慈童を哀れに思い、観音経の言葉を密かに授け、毎朝十方を一礼して唱えるようにと伝えます。慈童は忘れないように菊の葉にこの言葉を書きつけました。この菊の葉の露がわずかに谷の水に滴り、それが霊薬となりました。天の甘露のような味のこの水を飲んだ慈童はいつまでも若い仙人となり、下流の集落でこの水を飲んだ人々も皆、元気になり長寿を保ったという伝説があります。能や歌舞伎の題材にもなって、今なお、親しまれている話です。

＊後の雛（のちのひな）

江戸時代、旧暦の九月九日、重陽の節供（菊の節供）に、成人した女性が自分自身の健康と長寿を願い、虫干《むしぼし》を兼ねて雛人形を飾る風習があったそうです。また、八月一日の八朔に、雛人形を飾る地域が関西より西の地方に多かったともいわれています。

三月三日の雛の節供が過ぎてから雛祭りをする「後の雛」と呼ばれるもので、俳句では秋の季語になっています。秋の夜長に、お雛さまと菊の花びらを浮かべたお酒をいただく…大人の楽しみでしょうか。試してみたくなります。

第三月曜日　敬老の日

国民の祝日

敬老の日は、一九六五年「多年にわたり社会に尽くしてきた老人を敬愛し、長寿を祝う日」と法律で定められ、二〇〇三年からは九月の第三月曜日になりました。昭和二十二年、兵庫県の野間谷村で九月十五日を「としよりの日」とし、敬老会が開かれたのがそもそもの始まりです。野間谷村では農閑期で、気候もよい時期でしたのでこの日に決めたようです。

その後、成人の日や子どもの日があるのに老人のための日がないということで運動が起こり、様々な経緯で敬老の日が誕生しました。聖徳太子がお年寄りや病人のために「悲田《ひでん》院《いん》」を建てた日ともいわれています。

老人福祉法では六十五歳以上を施策対象とし、世界保健機構の高齢者の定義も六十五歳以上となっています。日本は百歳を超える方も珍しくない長寿国になりましたが、戦前までは「人生五十年」ともいわれていました。寿命が短かった時代、幸運だから年を取ることができたと捉える向きが多かったようです。

江戸時代、老後という言葉はほとんど使われず、「老い入れ」とか「老いに入る」といい、老いという人生の一つのステージを迎えたと考えられたようです。「老い」は知恵深いことに繋がっていました。

長い年月に身につけた知恵を次の世代に手渡すことに力を注ぎ、そのことに生きがいを見出していたお年寄りが昔の日本には大勢いました。江戸の下町の言い伝えには「還暦を過ぎたら、畳の上で死のうと思うな。息絶え絶えになっても、若い者を笑わせ、励まして往け」というものがありましたとか。

技術の進歩が急激で、多くの情報が瞬時に得られる現代ですが、身をもって得た人生の知恵は、やはり貴重です。お年寄りの知恵が伝承され、活きるように願わずにはいられません。

敬老のお祝いは、ご本人が喜ぶスタイルで準備しましょう。年寄り扱いをされることをためらう年配者も増えていますので、配慮が必要です。

子供叱るな来た道だもの　年寄り笑うな行く道だもの
来た道　行く道　二人旅　これから通る今日の道　通りなおしのできぬ道

犬山の寺の掲示板から永六輔氏が書き写したもの〈『大往生』〈岩波書店〉より）※妙好人《みょうこうにん》の言葉とのこと

◆長寿の祝い

賀寿《がじゅ》や年祝いと呼ばれる長寿を祝福し、周りの人たちもその長寿にあやかる儀礼です。中国の風習が伝わったもので、平安時代の貴族は四十、五十と十年ごとに「賀の祝い」をしました。鎌倉時代以降は現在と同様の年齢で祝うようになり、江戸時代になると庶民の間にも広まりました。近年は満年齢でお祝いすることも多く、また地方によっては、厄年としてお祓いをするところもあります。

これまでの長寿に敬意を表して、これからの健康とますますの長生きを祈るものです。年齢を重ねるほど個人差が大きくなりますので、ご本人の考え方や体調を考慮してお祝いしましょう。

食事の会が中心になると思いますが、年配の方にとっては、皆が集まり祝ってくれるのが、何よりうれしいこと。立派なごちそうや、豪華な贈り物で頭を悩まさず、まず、忘れずにお祝いして喜んでいただきましょう。

当日の記念に写真を撮ったり、色紙《しきし》に寄せ書きをすると、後から何度も眺めることができるので、また、喜ばれます。

還暦（かんれき）　数え年六十一歳（満六十歳）

十干と十二支の組み合わせである干支《えと》は六十年で一巡します。暦が元に戻り、生まれた干支に戻ることから「暦が還る」で、還暦。「本卦還り《ほんけがえり》」とも呼ばれます。赤い頭巾やちゃんちゃんこを贈りますが、これには「赤ちゃんのように、もう一度新しい生命力を得て元気に過ごしてほしい」という願いが込められています。また、赤には古来、魔よけの力があるとされてきました。男性の厄年でもありますので、厄払いにふさわしいとも考えられたようです。

昭和二十五年（一九五〇年）の日本人の平均寿命は男性五八・〇歳、女性六一・五歳（厚生労働省簡易生命表）でしたので、還暦は長寿のお祝いでした。寿命が延び、元気な方が多い現代では、まだお年寄りという感じはしませんが、定年退職などもあり、やはり一つの節目であることに変わりありません。近年はマフラーやスカーフ、ベストなどの赤い物をプレゼントすることが多いようです。

古希（こき）　七十歳

中国の唐の時代の詩人杜甫が四十七歳の時の作『曲江』の一節、「人生七十古来稀なり」に由来します。後の世に、詩聖と呼ばれた杜甫は五十九歳で亡くなりました。

喜寿（きじゅ）　**七十七歳**
「喜」の字を草書体で書くと七十七に見えるため。

傘寿（さんじゅ）　**八十歳**
「傘」の字の略字が「仐」で、八十に見えることから。

米寿（べいじゅ）　**八十八歳**
「米」の字が「八」と「十」と「八」からできていることから。

卒寿（そつじゅ）　**九十歳**
「卒」の字の略字が「卆」で九十に見えることから。

白寿（はくじゅ）　**九十九歳**
「百」から「一」を引くと白、そして九十九になるので。

上寿（じょうじゅ）　百歳

六十歳を下寿、八十歳を中寿、百歳を上寿としたことから。百寿（ひゃくじゅ）や「百賀（ももが）の祝い」とも。百歳以上は毎年お祝いをします。

茶寿（ちゃじゅ）　百八歳

「茶」の字を分解すると草冠の十が二つと八十八で百八に。

皇寿（こうじゅ）　百十一歳

「皇」の字を分けると「白」（九十九）と「王」（十二）になるので。

大還暦（だいかんれき）　百二十一歳

二回目の還暦を迎えることから。

二十三日前後　秋分の日　二十四節気　国民の祝日

秋分の日（九月二十三日頃）は、太陽が真東から昇り、真西に入るため、昼と夜の長さがほぼ同じになります。この秋分の日をはさんだ前後の三日間ずつが秋の彼岸。春の彼岸と同様に最初の日を「彼岸の入り」、真ん中の日を「中日《ちゅうにち》」、最後の日を「彼岸明け」と呼びます。

「暑さ寒さも彼岸まで」といわれるように、季節の変わり目を実感する時期。春分の日の平均より、まだ十度ぐらい気温は高いのですが、暑かった夏の後なので、過ごしやすく感じられます。

＊秋の七草
山上憶良が万葉集で連続して詠んだ二首の歌が秋の七草の始まりといわれています。

秋の野に咲きたる花を指折《およびお》りかき数ふれば七種《ななくさ》の花
万葉集巻八第一五三七番

萩の花尾花葛花《おばなくずばな》なでしこの花女郎花《おみなえし》また藤袴《ふじばかま》　朝がほの花
万葉集巻八第一五三八番

春の七草は七草粥に入れて食べますが、この秋の七草（ハギ、オバナ〈ススキ〉、クズ、ナデシコ、オミナエシ、フジバカマ、キキョウ）は観賞用。見て楽しむものですが、薬として用いられるものもあります。山上憶良の歌の中の「朝がほの花」は諸説ありますが、桔梗とする説が有力です。

＊花野（はなの）

野の花が咲き乱れる秋の野原を「花野」と呼びます。華やかな春の野原とはまた違った、秋風に揺れる花々の風情も趣があって昔から好まれてきました。ただ、残念なことに近年、花野は少なくなり、野生の桔梗や藤袴は、絶滅危惧種になってしまいました。

旧暦の八月十五日　十五夜

旧暦が使われていた時代は月の満ち欠けが暮らしのリズムを作っていました。特に満月（望月）は節目として重要で、お祭りが行われてきたそうです。灯りが乏しかった昔、満月の明るさは人々の心をとらえました。特に八月十五日の夜は「十五夜」と呼ばれ、「中秋（仲秋）の名月」として秋の実りをお供えしてお月見をします。

澄んだ秋の夜空に輝く月は、古来、人々に愛されてきました。十五夜は新暦では毎年異なる日付になり、だいたい九月中旬から、十月の初めになります。空にかかる月を眺めるには、暑からず、寒からずのちょうどよい時期です。

里芋の収穫期でもあることから、芋名月ともいいます。

旧暦では七、八、九月が秋で、その真ん中の八月が中秋です。中秋の満月を観賞する中国の「中秋節」の風習が日本に伝わり、奈良・平安時代の宮中で雅やかな観月の宴が催されて、貴族の間にも広まり、次第に武家社会や町人の世界にも伝わりました。秋の収穫に感謝する農耕儀礼が古くから行われていた農村でもお月見が行事として定着したそうです。

月がよく見える庭や縁側に台を設けて、三方《さんぼう》（三宝《さんぽう》とも）にお団子を盛って供えます。お団子の数は十五夜から十五個のところや、一年が十二カ月なので十二個のところがあります。地域によって違いはありますが、薄《すすき》など秋の七草飾り、里芋や、枝豆、季節の野菜や果物、お神酒《みき》などをお供えします。

子どもたちが月へのお供え物を持ち去っても叱らないという風習もありました。月に捧げられた供物を多くの人と分かち合うことで、豊穣の恵みがもたらされると考えられていたようです。また、月にかかる雲の様子などで作柄を占うならわしが残る地方もあります。

江戸の町のお月見は文机の上に薄など秋の七草を飾り、小さな仏団子とは違う、まん丸の大きな白い団子、十五個を三方や大皿に載せてお供えした家が多かったようです。神様の依り代とも考えられた薄と、米作りが伝わる前から食べられていた日本人にとって重要な食べ物である里芋は欠かせないものとされていました。

江戸の町が拓かれる前の武蔵野には薄《すすき》の原が拡がっていたそうです。「十五夜まで育つ」といわれていた収穫したての里芋の他、枝豆や栗、柿、ブドウなどもお供えされました。十六夜には、前日の月見団子を焼き団子にして食べながら、月を眺める人たちもいたようです。

江戸時代後期の京、大坂と江戸の習俗の違いを書き遺した『守貞謾稿』(喜多川守貞著)には、お月見の違いも取り上げられています。京大坂の月見団子は小芋のかたちに似た少し尖ったもので、砂糖入りのきな粉をまぶしてあり、数は十二個。薄は添えられていなかったそうです。

■月のことば

・旧暦一日

朔日と書いて「ついたち」と読むのは、「月立ち」からといわれています。月と太陽が地球から見ると同じ方向になり、地球には月の暗い面が向くため見えません。三日月から遡《さかのぼ》って、昔は朔《さく》の日にちをもとめたそうです。

月の満ち欠けと潮の満ち引きには密接なつながりがあり、新月と満月の日は、月と太陽の引力が同じ方向に重なるため、その一、二日後は干満の差が最大になる大潮《おおしお》になります。

・旧暦二日

二日月。ぼんやりと見える程度の細い月で、繊月《せんげつ》とも。

・旧暦三日

三日月。夕方、西の空に見える、右側が美しい女性の眉のように輝く月。眉月、若月とも。新月の後、月が出たことをはっきり確認できることから、三日月を「朏」と書くこともあります。

・旧暦七日頃

旧暦の七から八日目の月。弓を張ったように見えることから上弦《じょうげん》の月、弓張月《ゆみはりづき》の名も。新月と満月の中間ごろに出る右側が輝く半月です。明るさは満月の時の十二分の一程度。この上弦の月と二十三日ごろの下弦《かげん》の月の時期は月と太陽の引力が打ち消しあい、一、二日後は干満の差が最も小さい小潮《こしお》になります。（注：三日月から半月までを「弓張月」と呼ぶこともあるそうです）

・旧暦十日

十日夜。旧暦十月の十日夜《とおかんや》は中部や関東地方で稲の刈上げの祭りが行われます。

・旧暦十一日
十日夜から十五夜ごろまでの月を十日余《あま》りの月と呼びます。

・旧暦十三日
十三夜の月。旧暦の九月十三日の十三夜月は特に美しいとされて、「後《のち》の月見」が行われます。

・旧暦十四日
望月（満月）の前であるので小望月《こもちづき》とも。十五夜を待つ宵の月ということか、待宵月《まつよいづき》とも呼ばれます。

・旧暦十五日
十五夜。望。望月。満月。丸い月がほぼ日没ともに昇ります。太古から、様々な行

事が行われてきました。（月の満ち欠けは、ぴったり一日ではないため、十五夜と満月が一致しないこともあります）

・旧暦十六日
十六夜《いざよい》。十六日月。月の出が少し遅くなるので、いざよう（ためらうような）月。『十六夜日記』（鎌倉時代）は作者が題名をつけていませんでした。十月十六日に書き始められていたことから、後世、この名前が付けられました。

・旧暦十七日
立待月《たちまちづき》。十七夜。日没からだいたい一時間半とちょっと、立って待っているうちに出る月。

・旧暦十八日
居待月《いまちづき》。十八夜。　座って待っているうちに出る月。

・旧暦十九日
寝待月《ねまちづき》。臥《ふ》し待月《まちづき》。十九夜。横になって待つほどゆっくりと出る月。

・旧暦二十日
更待月《ふけまちづき》。二十日夜。夜が更けてから出る月。

・旧暦二十三日頃
半月。二十三夜の月。下弦の月。弓張月（二十六日の月までの総称とも）。満月と新月の中間の半月で、真夜中に出ます。月の左側が輝く。翌日の昼頃まで白く空に見えます。人が集まり、月の出を拝んで信仰する二十三夜講のしきたりがありました。

・旧暦二十六日
二十六夜の月。二十六夜講のしきたりがありました。

・旧暦三十日頃

三十日月。新月の直前。晦日《みそか》とも。旧暦では月の日数は二十九日か、三十日ですが、毎月の月末は晦日と呼ばれました。晦は「つごもり」とも読みますが、これは「月隠」つきごもりが「つごもり」になったといわれています。

・有明の月（ありあけのつき）

旧暦の十六日以降の月で、夜が明けても空に残っている月のこと。

・星月夜（ほしづくよ、ほしづきよ）

晴れて星が月のように明るい夜、新月の時期で月は出ていません。

・名月（めいげつ）

旧暦八月十五夜、もしくは旧暦九月の十三夜の月のこと。

・無月（むげつ）
曇天で月が見えないこと。特に名月の夜に使います。
・雨月（うげつ）
旧暦の五月の別名のほかに、雨で月が見えない夜のこと。特に名月の晩を指します。
・朧月（おぼろづき）
春の夜のおぼろな月。秋の澄んだ空の月とは異なり、水蒸気に包まれたように見える。春の季語。
・寒月（かんげつ）
冬の夜の冷たく冴えわたった光の月。冬の季語。

〈旧暦の日付と月の満ち欠け〉

一日頃	二日頃	三日頃	四日頃	五日頃
新月（朔）	二日月	三日月	四日月	五日月
六日頃	七日頃	八日頃	九日頃	十日頃
六日月	七日月	（半月）上弦《じょうげん》の月	九日月	十日月
十一日頃	十二日頃	十三日頃	十四日頃	十五日頃
十一日月	十三日	十三夜月	小望月《こもちづき》	十五夜（満月）
十六日頃	十七日頃	十八日頃	十九日頃	二十日頃
十六夜《いざよい》月	立待月《たちまちづき》	居待月《いまちづき》	臥待月《ふしまちづき》／寝待月《ねまちづき》	更待月《ふけまちづき》
二一日頃	二二日頃	二三日頃	二四日頃	二五日頃
二十一日月	二十二日月	（半月）下弦《かげん》の月	二四日月	二十五日月
二六日頃	二七日頃	二八日頃	二九日頃	三十日頃
二十六日月	二十七日月	二十八日月	二十九日月	三十日月

※実際に見える月の傾き方とは異なります。

＊「十七屋」

江戸の町に、「十七屋《じゅうしちや》」という名の店がありました。どんな仕事をする店だと思いますか。答えは、飛脚《ひきゃく》。手紙を届ける仕事です。十七夜の月が「立待月」（立って待っているうちに出る月）と呼ばれていたことから、付けられました。「たちまち着く」のだそうです。

■季節のうた

・月々に月見る月は多けれど月見る月はこの月の月　よみ人知らず

・名月や池をめぐりて夜もすがら　松尾芭蕉

・名月をとってくれろと泣く子かな　小林一茶

＊虫の声

秋は月。そして虫の声に耳を傾ける季節でもありました。枕草子や源氏物語には虫の鳴く声を愛でる様子が描かれています。江戸の町でも虫の声は楽しみの一つ。鈴虫などを売り歩く「虫売り」から買い求めて籠に入れて飼ったり、丘や野原などにでかけて「虫聞き」をする人たちもいました。虫の声に包まれながら、盃を酌み交わしたりしたそうです。

また、コオロギが「肩刺せ、裾《すそ》刺せ、綴《つづ》れ刺せ（肩を縫いなさい、裾を縫いなさい、繕いなさい）」と鳴いていると言い伝えてきた地方もあります。

衣替えのための仕立て直しや綿入れなど針仕事がたくさんありました。コオロギの声を聞きながら、準備を急いでいたのですね。

あれ松虫が　鳴いている　ちんちろちんちろ　ちんちろりん
あれ鈴虫も　鳴きだした　りんりんりんりん　りいんりん
秋の夜長《よなが》を　鳴き通す　ああおもしろい　虫のこえ

きりきりきりきりきりきりぎりす※後に『こおろぎや』に変更　がちゃがちゃがちゃがちゃ　くつわ虫
あとから馬おいおいついて　ちょんちょんちょんちょん　すいっちょん
秋の夜長を　鳴き通す　ああおもしろい　虫のこえ

『虫のこえ』文部省唱歌

■季節のことば

野分（のわけ・のわき）

秋の暴風、野の草木を分けて吹きすさぶ「野分の風」からきたといわれる言葉です。台風も含みますが、秋に吹く強風をいうことも多いようです。野分が過ぎた後の、抜けるように澄んだ青空を野分晴《のわきばれ》と呼びます。

・吹き飛ばす石は浅間の野分かな　芭蕉《ばしょう》

十月

十月

一日	衣替え（ころもがえ）
八日頃	寒露（かんろ）
中旬の十三夜	後の月見（のちのつきみ）
十五日からの十日間	伊勢神宮神嘗祭（いせじんぐうかんなめさい）
二十日	二十日えびす
二十三日頃	霜降（そうこう）

野菜　里芋、さつま芋、じゃが芋、玉葱、蕪、かぼちゃ、松茸、椎茸、人参、むかご、銀杏、食用菊、小豆、落花生

魚介　秋刀魚、鯖、鮭、鰯、鱧、太刀魚、真蛸《まだこ》

果物　柿、栗、梨、洋梨、いちじく、花梨、柚子《ゆず》、林檎《りんご》

花　金木犀、薔薇、藤袴、秋桜、鶏頭、野牡丹、菊、茶

実りの季節、収穫に感謝して大地の恵みをいただきましょう。魚なども美味しくなります。ついつい食が進み、天高く馬も人も肥ゆる秋に…。

一日　衣替え

平安時代の宮中では、旧暦の四月一日と十月一日が更衣の日。十月は「後の更衣」とも呼ばれ、夏装束から冬装束に改める日でした。現在も和服は単衣から、裏地がついた袷《あわせ》に。学校等の制服も明治時代以降、この日を境に冬服になります。

＊針仕事

昔は糸作りから、染め、織り、仕立てと人の手ですべてが作られていましたので、布や着物は貴重なもの。裕福な人々は豪華な衣装をたくさん持っていましたが、庶民は数枚の着物を季節に合わせて縫い直し、着まわしていたといわれています。

江戸時代、幕府が武士に定めた衣替えは年四回。旧暦の四月一日から五月四日が裏地のある袷。五月五日から八月末までが裏地のない単衣の帷子《かたびら》で九月一日から九月八日が袷。九月九日から翌年の三月末までが表地と裏地の間に綿を入れた綿入れでした。衣替えの期日はしっかりと守られ、武家以外の一般の人々もこれにならって一斉に衣替えをしたそうです。期日に遅れることは支度をする主婦の能力を疑われる恥ずかしいことでしたとか。

現在の衣替えは衣類の収納の移動と着替えが主ですが、当時の衣替えは「縫い直し」。家族全員の着物をほどいて洗い、また仕立て直す作業です。職業にしている人もいましたが、ほとんどは家で女性が家族のためにしていましたので、針仕事は家事の中で第一の仕事と位置づけられていました。できないと「お嫁にいけない」とまで言われ、女の子は幼いころから母親に縫いものを習い、大きくなると裁縫の師匠のもとに通うことも多かったようです。

明治、大正となっても針仕事は多く、昭和三十年（一九五五年）ごろまでは既製服があまり流通していませんでしたので、着物だけでなく紳士服以外の洋服も家庭でかなり手作りされていました。

八日頃　寒露　二十四節気

気温が下がり、草花に結ぶ露にも寒さが感じられる頃。朝晩は冷え込み、山々は色づき始めて、北の国から雁《かり》が渡ってきます。暦の上では、もう晩秋です。

中旬の十三夜　後の月見

旧暦の九月十三夜（現在の十月中頃）は後の月、豆名月、栗名月と呼ばれています。八月の十五夜と対にしてお月見をする習慣は中国や韓国にはなく、日本だけのもの。醍醐《だいご》天皇の延喜《えんぎ》十九年（九一九年）に十三夜の月見の宴が開かれたことが記録に残っているそうですが、はっきりしたことはわかっていません。

時代は下って、江戸時代、江戸の町では十三夜にも薄《すすき》を飾り、まるい月見団子を十三個と衣かつぎ《きぬ》（茹《ゆ》でたり、蒸《ふ》かしたりした皮つきの小さな里芋）に柿、茹でた栗、枝豆を供えました。八月十五夜だけで、この十三夜の月見をしないことを「片見月」や「片月見」といい、避けた方がよいとされました。

各地方でそれぞれのかたちがありましたが、最近は十三夜の月見をする人は少なくなっています。十五夜よりもこの十三夜の方が晴れることが多いそうです。十三夜の月も眺めてみませんか。

十五日からの十日間　伊勢神宮神嘗祭《かんなめさい》

実りの秋。伊勢神宮では神嘗祭が行われます。一年間に千五百回以上のお祭りが伊勢神宮では行われていますが、その中で最も重要なお祭りが、神嘗正月とも呼ばれる神嘗祭です。御装束《おんしょうぞく》も祭具も一新され、新穀が無事に育ち、収穫できた感謝を込めて初穂がお供えされます。

伊勢神宮でお祀りされている天照大神様が、高天原で初穂を食された神話に由来するもので、かつては旧暦の九月に執り行われていました。

内宮と外宮の正宮の内玉垣には天皇陛下から奉られた御初穂と日本各地の農家から寄せられた懸税《かけちから》と呼ばれる稲束が奉献されます。

外宮では十五日の午後十時、十六日の午前二時に、内宮では十六日の午後十時、十七日の午前二時、それぞれ二度の「由貴大御饌《ゆきのおおみけ》の儀」で、新穀の御飯、御餅、御神酒や海の幸山の幸がお供えされます。由貴は神聖であることを意味し、大御饌は神様のお食事のこと。十七日の正午には天皇陛下よりの神様へのお供えである幣帛《へいはく》が勅使によって奉納されます。その後、二十五日まで伊勢神宮の百二十五社すべての社で神嘗祭が行われるそうです。秋の実りに感謝申し上げ、皇室の弥栄《いやさか》、五穀の豊穣、国家の隆盛と国民の平安が祈られてきました。

十七日は皇居で天皇陛下が伊勢神宮に向かって遥拝され、全国各地の神社では神嘗祭をお祝いするお祭りが行われています。

伊勢市内でも、神宮に新穀を奉納する「初穂曳《はつほひき》」や、日本の様々なお祭りが集合して踊りや舞などを奉る神嘗奉祝祭が行われ、収穫の喜びと感謝に包まれます。

＊お米の話
「豊葦原《とよあしはら》の瑞穂《みずほ》（みずみずしい稲穂）の国」と自分の国を呼ぶほど、昔からお米は日本人にとって大事な食べ物でした。五穀の中でも、特別なものとされ、稲は「いのちのね（根）」ともいわれています。

天照大御神様が「これを育てて食べなさい」と仰せになり、瓊瓊杵尊《ににぎのみこと》に稲を授けて下さったと『日本書紀』には書かれています。神様へのお供えの基本はお米と水と塩。重要なお米から作られたお餅やお酒も重要なお供えです。

籾《もみ》のままでしたら長期間保存でき、栄養的にも優れたお米ですが、昔から、育てるには八十八の手間がかかるとされ、多くの労力が必要とされました。一粒のお米も無駄にせず、感謝していただくことを躾けられて育った方も多いと思います。今は品種改良や農作業の機械化などが進み、昔ほどの重労働はなくなりましたが、農家の方々が丹精込めて育てていることに変わりはありません。命の糧ですので、やはり大事にいただきたいと思います。「おなかいっぱい白いご飯が食べたい」、大げさなようですが、これは多く人々にとって長い間の夢でした。飽食の時代といわれている現代からは想像しづらいことですが、お米の自給率が一〇〇パーセントになったのは一九六〇年代のこと。それまでは麦や芋など取り混ぜながら、食事をしていた地域がたくさんありました。

・五穀

「五穀豊穣」の五穀は、米・麦・粟《あわ》・黍《きび》（または稗《ひえ》）・豆、日本人の食生活を長い間支えてきた穀物です。近年、そのミネラルや豊富な食物繊維が注目されるようになりました。

・ごはんの栄養

精米した白いご飯、茶碗一杯分（約一五〇ｇ）のカロリーは二五二ｋｃａｌで、バターやマーガリンを塗った六枚切りの食パン一枚とだいたい同じといわれています。炭水化物ばかりのようなイメージがありますが、タンパク質は牛乳一三〇ｃｃ（コップ約半分）と同じ、食物繊維はセロリ三分の一分、ビタミンＢ１はキャベツの葉一～二枚分、鉄分はほうれん草の葉一～二枚分と同じぐらい含まれているそうです。マグネシウムや亜鉛などのミネラルや他のビタミンも少しずつですが含まれています。粉から作られたものよりも粒の方が消化に時間がかかるため、ごはんは腹もちがよい食品。ごはんを中心にした和食が健康によいと見直されています。

・お米を量る単位

一合（一五〇ｇ）のお米を炊くとお茶碗二杯分強のご飯になります。重さを正確に測ることが難しかった昔は枡《ます》を使い、容積でお米の量を計測しました。一合《ごう》の十倍が一升《しょう》で、一升の十倍が一斗《と》、一斗の十倍が一石《こく》。明治時代の終りに統一されて、米俵一俵には四斗、六〇ｋｇのお米が入れられるようになりました。

一合のお米が一回の一人分と計算され、一人が一年に必要な量が大まかな計算ですが一石と考えられていました。加賀百万石の「百万石」は百万人の人を養えるお米がとれることを意味するそうです。

「起きて半畳、寝て一畳、たらふく食べても二合半」とか、「…天下を取っても二合半」といわれていました。人が生きていく上で必要なスペースとおなかいっぱい食べた時のご飯の量を短い言葉で上手に伝えていると思います。あれもこれもと欲張っても、人には限界があるのだと教えてくれているような気がします。

二十日　二十日えびす

風折烏帽子をかぶり、右手に釣り竿、左手に鯛を持った笑顔の恵比寿（戎、夷、蛭子、恵比須とも）様は、もともと豊漁と航海の守護の神様でしたが、次第に商家では商売繁盛、農家では五穀豊穣の福の神として信仰されるようになりました。

恵比寿様をお祀りする行事は各地で行われますが、その日にちは様々です。

関西では正月十日の「十日戎」が盛んで、兵庫県の西宮神社（えびす様の総本社）や、「商売繁盛で笹もってこい」の囃子言葉で知られる大阪今宮戎神社には大勢の人々が参拝し、福笹を授かります。


関東をはじめ東日本では、旧暦の十月二十日と正月二十日に行われるところが多いようです。旧暦の十月二十日、江戸では商家を中心に恵比寿様にお参りし、親類縁者を招いて、恵比寿様をお祭りする祝宴、えびす講が賑やかに開かれました。旧暦の十月は別名、神無月。全国の神様が出雲に出かけておられる間、居残って、留守番役をして下さる恵比寿様をお慰めしようと始まったといわれています。

新暦の十月十九日と二十日、東京日本橋の宝田恵比寿神社一帯では「べったら市」が開催されます。もとは、えびす講に使われる品を売る市でしたが、そこで売られた米麹がついたほんのり甘い浅漬けの大根が人気を呼びました。「べったりつくぞ」と若者が振りまわして、ふざけたことからこの名前に。現在も「べったら市」は続き、秋の東京の風物詩の一つになっています。

二十三日頃　霜降　二十四節気

朝晩の冷え込みが厳しくなり、朝霜が見られる頃。秋が一段と深まり、紅葉が山から里へと降りてきます。日も短くなり、秋の夜長を感じる時期です。

◆紅葉

「あき」は空が澄み「清明（あきらか）」であること、お米など穀物が「飽《あ》き満《みつ》る」ほどたくさん収穫される時期であること、草木の葉が「紅《あか》く」染まる意味などから生まれた言葉であるといわれています。

実りを喜び感謝しながら、お祭りをし、また冬への準備をする季節でもありました。同時に移りゆく季節の美しさを愛でる時期でもあり、紅葉を詠んだ和歌が数多く残されています。源氏物語にも登場しますが、野山に出かけ紅葉を楽しむ紅葉狩りが本格的になったのは室町時代以降のことではないかといわれています。

豊臣秀吉は最晩年の醍醐の花見で有名ですが、秋にも同じ醍醐で紅葉狩りを計画していました。紅葉の前に亡くなりましたので実現しませんでしたが、開かれていれば、華やかな紅葉狩りになったのではと思います。江戸時代になると庶民の間にも広まり、各地に紅葉の名所が誕生しました。春の桜と並ぶ、秋の紅葉は今も親しまれています。

＊黄葉と紅葉

奈良時代までは中国の五行説で高貴とされる黄色を重んじたことから黄葉を愛でたという説があります。平安時代になると赤い紅葉の文字が歌に多く見られるようになります。

「蛙手《かえるで》」が語源といわれるカエデも、揉んで染め出す紅色の「もみ」が変化したものといわれるモミジも、植物の分類上は同じカエデ科で区別はないそうです。園芸の世界ではイロハモミジやヤマモミジのように小さな子どもの手のような形で切れ込みが五つ以上あるものをモミジと呼び、それ以外のトウカエデ（切れ込みが三つ）などをカエデとしています。

＊紅葉のしくみ

樹木が冬支度をする途中で、葉の色が変化していきます。冬に葉を落とす木々は秋になり気温が下がり始めると葉への糖分や水分の供給を止めます。そのため夏の間、働いていた葉緑素が壊れてしまい、これまで葉緑素に隠れて見えなかった黄色いカロチノイドという色素が浮き出て葉の色が黄色くなります。これが黄葉です。また、紅葉は、赤いアントシアニンという色素が葉の中に残った糖分によってできるためにおこるとされています。

通常、明け方の最低気温が六、七度になると紅葉が始まり、だいたい二十日から二十五日ぐらいで見頃を迎えます。

赤い色素のもとになる糖分は光合成で作られますので、光合成がよくできるような昼間の好天が続き、夜の気温が高いと、せっかく作られた糖分が活動で消費されてしまうので夜は寒く、また、水分が不足すると紅葉の前に葉が枯れてしまうため、程よく湿度があることが、きれいな紅葉の条件に挙げられています。

桜前線が春、南から北上したのとは逆に紅葉前線は北の大地から南下します。定山渓、十和田湖、日光、箱根、香嵐渓、嵐山、宮島、石鎚山、雲仙など全国各地に名所はたくさんあります。

＊竜田姫《たつたひめ》と佐保姫《さほひめ》

有名なのが春の佐保姫と、この秋の竜田姫（龍田姫とも）。中国の陰陽五行説では秋は西に通じることから、平城京の西に位置する竜田山の女神が秋の女神に。秋の草木の輝く黄金色や赤の錦を身にまとった美しい女神で、竜田山の紅葉の見事さから、紅葉を染める神、染色が上手な神様とされました。

また、「たつた」の発音が「裁つ」にも通じることから、裁縫の神様としても信仰されています。この竜田姫が衣の袖を振ると木々の葉が色とりどりに紅葉すると言い伝えられてきました。

『源氏物語』（「帚木《ははきぎ》」）の、雨の夜の品定めの場面で、登場人物の一人、左馬頭がかつての妻が染めものが得意であったことを竜田姫になぞらえて話しています。その昔は染色が上手なことが良い妻の条件の一つだったそうです。

平城京の東の佐保山に宿る佐保姫は春の女神。柔らかな春霞をまとう、若く美しい女神様でやはり染色や織物の名手として信仰を集めてきました。

古くから、見事な竜田山の紅葉は竜田姫が染め、佐保山を取り巻くやわらかな春霞は佐保姫が織ったものと和歌に詠まれています。他に夏は筒姫《つつひめ》が、冬は宇津田姫《うつたひめ》（白姫・黒姫とも）が司るとされています。

＊能　紅葉狩《もみじがり》

紅葉が美しい山中、高貴な女性が侍女とともに幕を張り廻らせ宴を催していたところ、鹿狩りに出ていた平維茂《たいらのこれもち》の一行が通りかかりました。よけて通ろうとする維茂でしたが、女性たちに是非にと誘われ、宴に加わります。得も言われぬ美しさの女性に酒を勧められ、酔いつぶれた維茂は眠りに。その夢のなかに八幡大菩薩の眷属神が現れ、美しい女性の正体が戸隠山の鬼神であることを告げ、八幡大菩薩の神剣を授けました。目を覚ました維茂に先ほどの美女とは打って変わった恐ろしい鬼女が襲い掛かります。激しい戦いの末、維茂は神剣で鬼女を退治しました。

観世小次郎信光作の、この能をもとにして歌舞伎では「紅葉狩」の舞踊が誕生し、現在も秋になると演じられています。

◆神在祭（かみありさい）　旧暦十月

全国の神々が出雲に集われるとされる旧暦の十月の別名に「神無月」があります。この月を出雲では「神在月《かみありづき》」と呼んできました。年に一度、各地から神々が参集されるという故事によるものです。出雲大社にお鎮まりになられる大國主大神様は、「神事《かみごと》」を司る大神様で、人々のしあわせの縁を結ぶ神様方の大会議「神議り《かむはかり》」の主宰を務められると言い伝えられてきました。

旧暦の十月十日から十七日にあたる期間（現在では主に十一月）、出雲大社では厳かな神事が続きます。旧暦十日は午後七時、国譲りの神話で名高い稲佐の浜で執り行われる神迎神事に始まる「神迎祭《かみむかえさい》」。大神様のもとで人には知ることができない諸々のこと、特に人々の縁を結ぶ神議りを八百万の神々がなされる旧暦十一日から十七日までの七日間には「神在祭《かみありさい》」が斎行されます。旧暦の十七日の午後四時、「神等去出祭《からさでさい》」では、謝恩の祈りが捧げられ、出雲大社から八百万の神々がご出立されます。

神在の日のお祭りに合わせて斎行される「縁結大祭」には大勢の人たちが、良縁を願って日本各地から参拝します。また、地元出雲の人々は、参拝者を迎えながらも、神議りの支障にならないよう謹んで静かに過ごすしきたりを守っておられます。

■季節のうた

・白玉《しらたま》の歯にしみとほる秋の夜の酒はしづかに飲むべかりけり　若山牧水《わかやまぼくすい》

・柿くへば鐘が鳴るなり法隆寺　正岡子規《まさおかしき》

・秋の夕日に照る山紅葉　濃いも薄いも数ある中に
松を彩《いろど》る楓《かえで》や蔦《つた》は　山のふもとの裾模様《すそもよう》
『紅葉』文部省唱歌　高野辰之《たかのたつゆき》作詞

■紅葉を詠んだ和歌

・奥山に紅葉ふみわけ鳴く鹿の声聞くときぞ秋はかなしき　猿丸太夫《さるまるだゆう》

・ちはやぶる神代もきかず竜田川からくれなゐに水くくるとは　在原業平《ありわらのなりひら》

・このたびは幣もとりあへず手向山紅葉の錦神のまにまに　菅家《かんけ》（菅原道真《すがわらのみちざね》）

・小倉山峰のもみぢ葉こころあらば今ひとたびのみゆき待たなむ　貞信公《ていしんこう》（藤原忠平《ふじわらのただひら》）

・山川に風のかけたるしらがみは流れもあへぬ紅葉なりけり　春道列樹《はるみちのつらき》

・あらし吹く三室《みむろ》の山のもみぢ葉は竜田の川の錦なりけり　能因法師《のういんほうし》

■紅葉を詠んだ俳句

・色付くや豆腐に落ちて薄紅葉　松尾芭蕉

・日の暮れの背中淋しき紅葉かな　小林一茶

・裏を見せ表を見せて散る紅葉　良寛

・一枚の紅葉かつ散る静かさよ　高浜虚子《たかはまきょし》

十一月

十一月

七日頃	立冬（りっとう）
亥の日	亥の子（いのこ）
酉の日	酉の市（とりのいち）
十五日	七五三（しちごさん）
二十二日頃	小雪（しょうせつ）
二十三日	新嘗祭（にいなめさい）
	勤労感謝の日（きんろうかんしゃのひ）

野菜　蕪、かぼちゃ、銀杏、むかご、慈姑《くわい》、牛蒡、さつま芋、里芋、じゃが芋、大根、長芋、長葱、人参、白菜、ブロッコリー、ほうれん草、蓮根、胡麻、落花生、小豆

魚介　鯖、鮭、いなだ・はまち、きんき（吉知次）、こはだ、ししゃも、真蛸、平目、河豚《ふぐ》、伊勢海老、ずわいがに、牡蠣、新海苔

果物　柿、林檎、洋梨、蜜柑、柚子、国産キウイ、国産レモン

花　菊、山茶花《さざんか》、茶、石蕗《つわぶき》、柊《ひいらぎ》、八手《やつで》、枇杷《びわ》

毎年、文化の日の前後は読書週間です。「灯火親しむ」この季節、読書や手芸など静かに楽しんでみませんか。

七日　立冬　二十四節気

冬の気配が感じられる頃。立春、立夏、立秋、と並ぶ四立《しりゅう》の最後で、冬三カ月の最初に当たる初冬です。日差しも弱くなり、木枯らしが吹き始めます。

＊小春日和《こはるびより》

小春は旧暦の十月の異称です。現在の暦ですと十一月から十二月にかけての晩秋から初冬の時期。移動性高気圧に覆われたり、弱い西高東低の気圧配置になると、冬はすぐそこまで来ているのに、春を思わせる暖かな晴れの天気になります。この穏やかな晴天が「小春日和」です。

亥の日　亥の子

旧暦の十月の亥の日の行事です。亥の子餅を搗《つ》いて食べたり、稲の刈り上げ祭りをしたり、炉開き、こたつ開きなどが行われます。

中国では古くから十月（亥の月）の亥の日の亥の刻（午後九時から十一時ごろ）に大豆、小豆、大角豆《ささげ》、胡麻、栗、柿、糖を混ぜた餅を食べると病気にならないという言い伝えがあったそうです。

これが平安時代の宮廷に伝わり、亥の子餅で祝う行事は室町、江戸時代の幕府にも受け継がれ、次第に民間にも広まりました。無病息災や多産なイノシシにちなんで子孫繁栄や子どもの成長を祈るものですが、農村では稲の刈り上げ祭りの頃と重なったため、特に収穫祭としての色彩が濃いものになり、西日本を中心に行われてきました。

五行説で、「亥」は「水」に属しますので、「火」に打ち克つ力を持ち、この日に「火」

を使い始めると火事にならないとされて、炉開きや、炬燵開きが行われたようです。

◆茶人の正月

茶道では旧暦十月（新暦では十一月）の最初の亥の日に、五月から使われていた卓上式の風炉《ふろ》に代り、畳に埋め込んだ炉を開く「炉開き」をします。同時に初夏に摘んで寝かせておいた新茶の封を開けていただく「口切り」を行ってきました。茶室の畳や障子も新たにしつらえられる茶の湯の世界では重要な行事。「茶人の正月」とも呼ばれています。

＊十日夜（とうかんや）

旧暦の十月十日の夜、東日本を中心に行われる「亥の子祭り」と同じような、稲の刈り上げに感謝する祭です。この日は田の神様が田から上がってお帰りになると考えられています。

酉の市　酉の日

酉の市は毎年、十一月の酉の日に浅草の鷲《おおとり》神社をはじめとする、主に関東の鷲・鳳・大鳥神社などで行われます。江戸時代から続くこの行事の名物は飾り熊手。もとは酉の市で、農具として売られていましたが、福を「取り込む」縁起物になりました。金銀やお客様をかき集めるとされ、威勢のいい売り手の掛け声が飛び交う中、商売繁盛や来年の開運を願う人々が買い求めます。

酉の日は、二回か三回あり、それぞれ一の酉、二の酉、三の酉と呼ばれ、三の酉が多い年は火事が多いという言い伝えもあります。

江戸時代、旧暦で行われていたころは、冬至の頃。「春をまつことのはじめや酉の市」（宝井其角《たからいきかく》）の句に詠まれたように、年末の大きな折り目でした。

十五日　七五三

子どもの健やかな成長に感謝し、またこれからのご加護を祈って神社に参拝する行事です。一般的には、男の子が三歳と五歳で、女の子が三歳と七歳でお祝いします。本来は数え年でしたが、現在は満年齢で祝うことも多く、性別や年齢の組み合わせも地域によって様々です。今日のようなかたちが、全国に広まったのは戦後のことだそうです。古くから、子どもの成長を祝う風習は各地にありましたが、それぞれに行われていました。

もともと宮中や公家、武家社会には「髪置《かみおき》の儀」、「袴着《はかまぎ》の儀」、「帯解《おびとき》の儀」などがあり、成長に合わせて、髪型や衣服を改めて祝うしきたりがありました。それが江戸時代、特に江戸の町で、町人の世界にも広がりました。「七五三参り」が、定着したのは明治時代以降のことといわれています。

三歳の男の子、女の子の「髪置き」はそれまで剃っていた髪を伸ばしはじめる儀式。白髪に見立てた綿帽子を被せ、白髪になるまで長生きしますようにと願う風習もあったそうです。

「袴着」で初めて袴をつけます。袴着は、元は儀式を行う年齢も様々で、貴族の女の子もしましたが、現在は男の子の儀式になりました。着物につけられた子ども用のつけ紐を取り去り、帯で締める「帯解き」は「帯直し」や「紐《ひも》落とし」とも呼ばれ、かつては男女ともに行われ、実施する年齢も地域によって違いがありましたが、今は七歳の女の子の儀式になっています。

多くの子どもたちが幼いうちに亡くなった昔、「七歳までは神の内」といわれ、七歳未満の子どもの命は神様の領域にあり、その運命を決めるのは神様と考えられていたようです。親たちは数々の儀礼を通して無事に育つようにと祈りました。

三歳も五歳もその成長を喜び、感謝する大事な節目でしたが、七歳は特に大きな節目。

七歳の祝いに氏神様にお参りをして、神の子から、人となり、地域の一員として迎え入れられる「氏子入り」の風習がありました。年中行事などで大切な役割を果たす子ども組に加わるのもこの年頃からといわれています。危うい乳幼児期を乗り越えた七歳の祝いは多くの地方で重視されていました。

旧暦の十一月十五日に祝った理由は、五代将軍徳川綱吉公の子の徳松君の三歳の祝儀が行われたためとか、縁起が良いとされる鬼宿日《きしゅくにち(び)》であるためとか諸説あります。十一月は稲の収穫を終え、お祝いする時期であり、満月をもって神様のお祭りをするならわしもありましたので、この日に氏子入りして神様からも、社会からも、子どもの新しい出発を認めてもらおうとしたのではないかとも考えられています。

祝ってもらう経験を通して、子どもたちは「少し大きくなった自分」を確認し、自立への歩みを進めていきます。行事によって家族や親戚、近所の人たちのとのつながりを学ぶこともできます。大きくなって、よく覚えていなくても、祝ってもらったことは心の財産になります。ささやかでも祝ってあげたいなと思います。

お祝いをいただいた方に千歳飴やお赤飯など届ける時は、本人にもお礼の挨拶を一言でも伝えさせましょう。その子どものこれまでの成長に感謝し、また、さらなる成長を祈る心があれば、豪華な衣装でなくても、立派な七五三のお祝いになるのではないでしょうか。

＊千歳飴

起源は諸説あり、浅草寺境内や神田明神の門前で売られたものが、それぞれはじめとされています。鶴と亀、松竹梅などめでたい絵柄の袋に入れられた千歳飴には、子ども長寿を祈る親の願いが込められています。はじめの頃は紅白一本ずつだったようですが、今は年齢の数を入れます。おめでたい品ですが、なかなか食べきれないことも。そんな時は、煮物などに砂糖代わりに使うとおいしくいただけます。

二十二日頃　小雪　二十四節気

北国や高地では雪が降り始めますが、まだ、積もるほど降るわけではないので小雪。紅葉は散り、イチョウの葉が黄色く色づく頃です。

＊木守り柿（こもりがき・きもりがき）

一つか数個、柿の実を残して収穫する「木守り柿」の風習があります。自然の恵みを人間が独り占めしないで、鳥などに残しておきます。すべてを取り尽さないことから、柿の霊が再生し、来年も豊かに実を結んでくれることを願ったとも。古来、鳥は霊界の使いとされていましたので、鳥にその再生の助力を託したという説もあります。

柿の木を労い、自然に感謝して来年の実りを願う「木守り柿」。やはり厳しい冬を迎える鳥たちへの優しい気遣いもこめられていると思います。これからも続いてほしい習わしです。

二十三日　新嘗祭《にいなめさい》・勤労感謝の日

国民の祝日

◆新嘗祭

その年の収穫を神様に感謝する重要なお祭りで、古代から続いています。

皇室で行われる新嘗祭は旧暦の十一月の二番目の卯の日に行われていましたが、明治時代に新暦が使われるようになった時から、この日になりました。

旧暦で行われていた頃は、ちょうど冬至の前後でしたので、太陽の出ている昼間の時間が短い、日の光も弱い頃にあたります。その年の収穫に感謝し、その新しい穀物が持つ力を得ることで生命力を蘇らせられ、次の新しい年の豊かな恵みを祈り、もたらすお祭りとしてたいせつにされてきました。

皇居では天皇陛下が神々に新しくとれたお米や粟のご飯やお粥、新米で作った白酒や黒酒などをお供えして感謝し、自らもお召し上がりになる最も重要な祭儀として、二十三日夜から、翌未明にかけて厳かに執り行われています。

「新嘗」の言葉の意味は諸説ありますが、「新」は新しい穀物、「嘗」は口に味わう意味とも、ご馳走でもてなす「饗《にえ》す」などが変化した言葉という説があります。収穫に感謝し、その実りでご馳走をつくり、神様にお供えし、それを人もいただいて新穀の力を得るお祭りは、民間でも、様々なかたちをとりながら、各地で受け継がれて来ました。東国の女の人が詠んだ万葉集の歌にも「新嘗《にふなみ》」の言葉があるそうです。

全国の神社では、農耕の始めに五穀の豊穣を祈る二月十七日の祈年祭と対になる、感謝の祭礼として新嘗祭が行われています。昔はこの新嘗祭の後から、新米を食べはじめる家庭が多かったといわれています。

◆勤労感謝の日

明治時代から戦前は、新嘗祭の祭日でしたが、昭和二十三年（一九四八年）に制定された法律により「勤労を尊び、生産を祝い、国民たがいに感謝しあう日」として「勤労感謝の日」となり、現在に至っています。

■季節のうた

・金色の小さき鳥のかたちして銀杏《いちょう》散るなり夕日の岡に　与謝野晶子《よさのあきこ》

・木がらしや目刺《めざし》に残る海のいろ　芥川龍之介《あくたがわりゅうのすけ》

・村の鎮守《ちんじゅ》の神様の　今日はめでたい御祭日《おまつりび》
どんどんひゃらら　どんひゃらら　どんどんひゃらら　どんひゃらら
朝から聞こえる笛太鼓《ふえたいこ》
『村祭《むらまつり》』文部省唱歌

十二月

十二月

七日頃　大雪（たいせつ）
十三日　正月事始め（しょうがつことはじめ）
二十二日頃　冬至（とうじ）
三十一日　大晦日（おおみそか）

野菜 慈姑《くわい》、牛蒡、里芋、春菊《しゅんぎく》、芹《せり》、大根、長芋、長葱、人参、白菜、蓮根、ほうれん草、カリフラワー、ブロッコリー

魚介 鮟鱇《あんこう》、河豚《ふぐ》、いなだ・はまち、きんき（吉知次）、金目鯛、牡蠣《かき》、こはだ、鯖、ししゃも、鱈《たら》、平目、鰤、寒鰆、伊勢海老、ずわいがに、真蛸、海苔

果物 蜜柑、林檎《りんご》、柚子《ゆず》、国産レモン、国産キウイ、胡桃《くるみ》

花 水仙、寒椿、山茶花《さざんか》、木瓜《ぼけ》、シクラメン（篝火花《かがりびばな》）

お坊さんまでが走り出すからとも、年果つ（としはつ・年が終わる）や、四極（しはつ・四季が果てる）に由来するとも言われる師走。時の流れの速さを感じる時期です。お歳暮、年賀状書き、忘年会にクリスマス、そしてお正月の準備。用事は山ほどありますが、こういう時こそ、気持ちを落ち着けて、一つ一つ、できることをしていきましょう。

七日頃　大雪　二十四節気

山々に雪が降り始める頃。寒さが厳しくなりますので、もう一度、暖房や防寒具の点検を。

十三日　正月事始め

私たちを守り、幸せを授けてくださる年神様を正月にお迎えするための準備を始める日。門松や雑煮を作る時の薪などを山に採りに行く日であり、神棚や家の中の煤払いをして一年の穢れを祓い清める日でもありました。

今でも多くの神社や寺院で、煤払いが行われます。

この日、神棚や仏壇の掃除をする家庭も多いようです。忙しい時期で大変ですが、気持ちよく新年を迎えるために、少しずつ掃除をしていきます。

昔は、十三日から二十日の間に、正月用の塩鮭などの食品をお歳暮としてお世話になった方に贈りました。

二十二日頃　冬至　二十四節気

一年中で昼の時間が一番短い日。弱まっていた太陽の力がこの日を境に蘇るため、太古から世界各地で儀式が行われてきました。日本でも、古くから重要な節目の日とされてきました。クリスマスもこの冬至とのつながりで現在の十二月二十五日になったといわれています。

冬至かぼちゃや、邪気を払うとされた赤い色の小豆を入れた小豆粥を食べ、柚子湯に入って無病息災を祈ります。柚子も、かぼちゃも黄色。黄色は太陽につながる色と考えられていたそうです。「ん」がつく、蓮根・にんじん・なんきん（かぼちゃ）などを、運が上がるとして食べる地域もあります。

衰えた太陽の力が復活する転換点となる冬至を「一陽来復《いちようらいふく》」と呼ぶことがあります。一陽来復は「冬が終わり、春が訪れる」から、「不遇の時が続いた後に、幸運の時が訪れる」という意味にも使われるようにもなりました。

柚子湯や滋養のある食べ物で、今年一年がんばってくれた身体を癒し、元気を取り戻して、新しい年に向けてまた動き始めましょう。

三十一日　大晦日

大晦日《おおみそか》とも、大晦《おおつごもり》ともいいます。

昔は、月の三十番目の日を三十日《みそか》と呼びました。三十日は月が見えないことから「月隠《つきごもり》」。それが短く発音されて「晦《つごもり》」になったといわれています。一年最後の特別な日ですので〝大〟の字がつきました。

この日は、一年間の罪や穢れを祓う、「大祓い《おおはらい》（おおはらえ）」が宮中や全国の神社で行われ、心身を清めて新年を迎えます。

時計がなかった昔、一日の始まりは日没と捉えていた時代がありました。そのころの大晦日の夜はお正月の始まりで、年神様を迎える神聖な夜でした。「数え」年で年齢を数え、訪れた年神様から誰もが一つ「年」をいただいて年を取るとされていましたので、大晦日の夜は「年取りの夜」とも呼ばれます。

お迎えした年神様にお神酒や餅、「この一年こんなに食べ物をいただいてまいりました」と感謝をこめて丁寧につくったお節料理をお供えし、神様とともに家族揃って年取り膳を囲む風習がありました。東北や北海道では今も、年取り膳を続けている家庭が多くあります。その後、一家の主が氏神様を祀る神社に行き、寝ずにこもったところもあったそうです。たいせつな年神様が来てくださるのに、寝ていては失礼にあたると夜通し起きているならわしもありました。

除夜は「旧年を除く夜」という意味です。お寺では煩悩が消え、清らかな心で新年を迎えられるようにと鐘を撞きます。人間には百八の煩悩があるとされることから百八回の鐘が撞かれますが、最後の一回は、午前零時を過ぎてから。新しい年が煩悩に惑わされない年でありますようにと撞かれるそうです。

気ぜわしく過ごしてしまいがちな大晦日ですが、感謝でゆく年を送り、心穏やかに来る年を迎えられるといいですね。

＊年越し蕎麦《そば》

江戸時代の中期以降、江戸の町では大晦日に年越し蕎麦を食べるようになりましたが、現在のように全国的に年越し蕎麦が食べられるようになったのは流通網が発達し、テレビも普及した昭和の高度成長期以降のことといわれています。

細く長い蕎麦の姿から「長寿」を願ってという説や、金細工の職人さんが飛び散った金を集めるのに蕎麦団子を使っていたことから「金運」が良くなることを願って広まったという説があります。

また、地方によってはお正月のご馳走として蕎麦を食べるところもあります。

＊年取り魚

年神様にお供えし、年取り膳に添えられる縁起物の魚。東日本では鮭、西日本では鰤が多いとか。昔は、普段質素な食生活を送っていましたが、この時ばかりは尾頭付きで豪華に丸のままを買い求める風習がありました。

＊除夜の鐘

今日私たちが耳にするような除夜の鐘は、江戸の町では撞かれていなかったようです。

一日の変わり目を午前零時とするようになったのは太陽暦を使用し始めた明治六年以降のこと。江戸の寺院や時の鐘の記録にも除夜の鐘は見当たらないとか。

現在のような除夜の鐘が日本中に広まったのは、昭和二年（一九二七年）にＮＨＫの前身であるＪＯＡＫが、上野の寛永寺の除夜の鐘をラジオで中継放送してからといわれています。戦争中は多くのお寺で金属供出のため鐘が失われました。戦後復興して、再び除夜の鐘が撞かれるようになった時は、煩悩を祓うだけでなく平和を告げる鐘としても人々の心に響いたようです。

◆お正月準備

今ほど、物が豊かでなかった昔は、自分たちの暮らしの中で手に入るものを使ってお正月の準備を整えました。現代の私たちから見ると、驚くほど厳粛に、仕度が進められていました。暮らしの変化とともに、お正月の過ごし方も、準備の仕方も変わってきましたが、新しい年も家族が無事に生きていけますようにという願いは同じです。年越しのしきたりに込められた願いを思いながら、無理をせず、でも丁寧に、そして楽しく、一年の締めくくりのこの時期を過ごしていきたいと思います。

◆年神様

昔の人は祖先の霊が田の神様や山の神様になって私たちを守り助け、お正月には年神様となって、新しい年の穀物の稔りと私たちの新しい年の命を授けに来てくださると信じていたそうです。このたいせつな年神様を家にお迎えし、喜んでいただくために、手間と時間をかけて準備がなされました。

お正月はお盆と同じように自分たちのご先祖様を迎えておもてなしをする時でもあったようです。

◆年男

干支に当たる男の人のことではなく、お正月の準備、行事を中心になって執り行う男の人のこと。家長や長男、もしくは若い男の人がなりました。

◆お正月飾り

年神様がお正月に来てくださるための飾りですので、二十八日ぐらいまでに飾りつけます。二十九日は九が「苦」に通じるとして避けられ、三十一日の一夜飾りも、神様への誠意がないと嫌われました。遅くても、三十日には飾り付けを済ませておきましょう。

門松

春には田の神として田に降りて、稲の稔りを助けてくれた神様は、稲刈りの後は近くの山々に帰り、山の神になります。その神様を年神様としてお迎えするために、門松にする松などを近くの山まで採りに行き、年神様が来られる時の目印として飾りました。青々とした常緑樹であれば目印になると考えられ、椿や榊を立てるところもあったそうです。

しめ飾り

稲の藁で編まれたしめ縄には、田の神様の霊力である稲魂《いなたま》がこもっていると思われていました。聖なる場所を作り出す力があるとされ、家に張られましたが、段々簡略化してしめ飾りや輪飾りになりました。神様をお迎えする場所を清め、また災いが入り込まないようにするため、玄関や出入口に飾ります。

鏡餅

お餅にも稲魂がこもるとされ、特別な日に神様に捧げる神聖な食べものでした。鏡餅は年神様にお供えされるお餅。神様が宿る御神体の鏡の円い形に似ていることから、鏡の名前がついたといわれています。大小の餅は日と月、陽と陰を表すという説もあります。

◆お節《せち》料理

お節料理はお正月のお祝い料理で、めでたいことを重ねるという願いを込めて重箱に詰められますが、地域により、家庭により中身は様々です。

節日に神様にお供えされる料理を御節供と呼び、それが短くなってお節になりました。中国の風習を取り入れ、古くから宮中で行われてきた節会に基づき、江戸時代になって幕府が、五節句（一月七日の人日・三月三日の上巳・五月五日の端午・七月七日の七夕・九月九日の重陽）を定め、元旦と八月一日の八朔とともに大事な式日としてお祝いするようになりました。

暮らしに少しゆとりが生まれていた庶民にも、次第にお節料理の風習が広まったそうです。現在では、最も重要な、年の始めのお正月の料理のみが、お節料理と呼ばれています。正月三が日は主婦が台所仕事を控えられるように、保存が効く料理が中心になりますが、それぞれに、新年の幸せを願う気持ちが込められています。

数あるおせち料理の中で、よく作られてきたのが、野菜の煮しめです。

黒豆
一年中、まめに働き、まめ（健やか）に暮らせますように。

数の子
鰊《にしん》（二親とも）の子。たくさんの卵があるので、子宝に恵まれ、子孫繁栄。

田作り
片口鰯《かたくちいわし》の稚魚を干したもの。五穀豊穣を願います。昔、鰯を肥料にしたところ、お米がたくさんとれたので、ごまめ（五万米）と呼ぶ地域もあります。

たたきごぼう
土の中に根を張る牛蒡は地にしっかり根付くことから縁起が良い食材とされてきました。家の安泰や開運を祈ります。

海老
腰が曲がるまで丈夫という長寿への願い。

昆布巻き
「よろこぶ」の語呂合わせからお祝いには欠かせません。

きんとん
金団と書き、その黄金色から財産、富を得る縁起物に。

伊達巻
江戸時代、長崎の「カステラ蒲鉾《かまぼこ》」が江戸に伝わり広まったもの。伊達ものと呼ばれた人たちの着物に似ていたので、この名に。大事な文書や絵は巻物にしていたので、学問や習い事の成就を願います。着物の反物にも似ていることから、着物が増えますようにとの願いもありますとか。

紅白かまぼこ

紅は魔よけの色であり、慶びをあらわす色でもあります。白は清浄を意味します。かまぼこを紅白に並べる時は両端を紅にします。

・重箱

（上から）一の重は、三つ肴と口取り、二の重は焼き物、三の重は酢の物、「四」を縁起のよい「与」の置き替えた与の重には煮物を詰めるとか、一の重が三つ肴、二の重が口取り、三の重が海の幸、与の重が山の幸を詰めるなど、詰め方は地域により、家庭により違いがあります。

五段重の場合の、五の重には、何も入れないのは共通するようです。空にしておくのは年神様から授かる福を入れるためとも、全部満たしてしまうと驕り高ぶる気持ちが生じてしまうからともいわれています。

五段重には、通常、別添えの蓋がもう一枚つき、その蓋で五段目を一段重として、お裾わけなどに使えるようになっています。

最近は三段重が多く、五段重をお店で見かけることは少なくなりました。重箱そのものが無い家庭もたくさんあります。普段づかいの食器に、水引や折り紙、松の小枝などをあしらって新年を寿ぐ食卓をつくるのも素敵ですね。

関東では、重箱にぎっしり隙間なく詰め、関西では裏白などを敷いて四隅を開けて盛り込むことが多いようです。どちらも隣り合った料理の味や香りが混ざらないよう笹の葉などで仕切ります。

・口取り肴（くちどりざかな）

略して口取りともいいます。おもてなし料理である響膳（会席料理など）でお吸い物と一緒に出される酒の肴となるもの。かまぼこやきんとんなど、海の食材、山の食材を使った両方の料理が一皿に盛られます。数は縁起が良いとされる奇数（五、七、九品）。最初にいただくものですので、おせち料理では一の重に詰めます。

・肴

酒の菜（な）。菜は副食のことですので、お酒に添えられるつまみを意味します。関西では、お酒にあてがうことから「アテ」ともいいますね。この肴には味噌や野菜など様々ありましたが、中でも「うお」と呼ばれていた「魚」が美味しかったので、江戸時代ごろから「魚」を現在のように「さかな」と呼ぶようにもなったという説があります。

・三つ肴

お節料理の原点で、関東では黒豆、田作り、数の子。関西では黒豆、田作り、たたき牛蒡です。どれも手に入りやすい食材でした。数の子も当時は値段が安かったそうです。江戸では、三つ肴とお餅があれば、「正月は来る」といわれていました。

手に入るもので、手間を惜しまずつくることが、お節料理づくりの基本にあったようです。豪華な色とりどりのお節料理がつくられるようになったのは、戦後デパートの食料品売り場でお節料理が売り出されるようになってからともいわれています。

五穀豊穣や健康、家族の幸せを願って年神様にお供えし、いただくのがおせち料理の原点です。

いろいろ大変なこともありますが、新年を迎えることができる喜びを忘れずに支度ができるといいですね。

■季節のうた

・隔《へだ》て行く世々《よよ》の面影かきくらし雪と降りぬる年の暮れかな　藤原俊成女《ふじわらのとしなりのむすめ》
(雪が覆い包んで見えなくするように時の流れが懐かしい人々の面影を遠く隔てていく年の暮れです)

・山国の虚空《こくう》日わたる冬至かな　飯田蛇笏《いいだだこつ》

・行く年や猫うづくまる膝の上　夏目漱石《なつめそうせき》

・雪やこんこ　あられやこんこ　降っては　降っては　ずんずん積もる
山も野原も　わたぼうしかぶり　枯れ木残らず　花が咲く　『雪』　文部省唱歌

季節を表す言葉

前後の月にまたがる言葉もあります。だいたいの目安としてお考え下さい。

◆一月

初春、年立つ、千代の春
初空、初日の出、初明かり、御降《おさがり》
若水、屠蘇《とそ》、雑煮、初詣、書初め、笑い初め、初荷、初夢、羽子板、歌留多
七草、若菜、鏡開き、寒の内、歌会始、左義長《さぎちょう》、藪《やぶ》入り、寒稽古
冴《さ》ゆ、冬深し、三寒四温、寒日和、日脚伸ぶ、春近し、春隣《はるとなり》、春待つ
波の花、霧氷《むひょう》、樹氷、氷柱《つらら》、雪折れ
雪しまき、地吹雪、雪兎

寒鰤《かんぶり》、寒鮒《かんぶな》、寒鯉《かんごい》、寒海苔
凍《い》て蝶、凍て鶴、寒雀、ふくら雀
福寿草、水仙、葉牡丹、寒牡丹、蝋梅《ろうばい》、寒梅、寒木瓜《ぼけ》、藪椿《やぶつばき》、千両、万両、麦の芽
鮟鱇鍋《あんこうなべ》、煮凝《にこご》り、粕汁、切干、雪見酒
七福神詣、十日戎《えびす》、鷽替《うそか》え神事

◆二月

節分、豆撒き
（基本的には立春から）
春立つ、寒明ける、春日《はるひ》、東風《こち》、早春、春浅し、春淡し、凍《い》て解《どけ》、雪代《ゆきしろ》
春一番、野焼き、麦踏
猫の恋、浮かれ猫、海猫渡る
公魚《わかさぎ》、白魚、飯蛸《いいだこ》

法蓮草《ほうれんそう》、水菜（京菜）、慈姑《くわい》の芽、蕗《ふき》の薹《とう》、海苔、岩海苔
梅、黄梅、まんさく、寒桜、雪割草、木の芽、黄水仙、柳の芽、猫柳
針供養、初午《はつうま》、雪まつり

◆三月

仲春、春なかば、花を待つ、春めく、山笑う、風光る、日永《ひなが》、麗《うらら》か
なごり雪、雪の果て、雪解《ゆきげ》、春雷、春塵《しゅんじん》、水温《ぬる》む
雛市、桃の節供、雛の客、日迎え、日送り、卒業式、牧開《まきびらき》、北窓開く
初蝶、雁帰る、雁風呂《がんぶろ》、燕来る
鰆《さわら》、蛍烏賊《ほたるいか》
韮《にら》、浅葱《あさつき》、分葱《わけぎ》、たらの芽、野蒜《のびる》、土筆《つくし》
辛夷《こぶし》、三椏《みつまた》、木蓮、彼岸桜、雪間草《ゆきまぐさ》、沈丁花《じんちょうげ》、連翹《れんぎょう》、春蘭、葦《あし》の芽
お水取り、彼岸会

◆四月

春時、春深し、行く春、春惜しむ、夏近し
桜南風《さくらばえ》、花曇、花冷え、霞《かすみ》、朧月夜、菜種梅雨、春雨、苗代寒、花の果て、蜃気楼《しんきろう》
田打、種蒔、桑摘み、磯遊び、潮干狩り、青き踏む、野遊び、山遊び、花見、花の宴、花衣
入学式、ぶらんこ、風船、しゃぼん玉
春愁《しゅんしゅう》、花疲れ
蚕、雀の子、仔馬、おたまじゃくし、雲雀《ひばり》、百千鳥《ももちどり》
桜鯛、鰊、小女子《こうなご》、花烏賊《いか》、桜えび
独活《うど》、明日葉、こごみ、菜の花
花朧、花守、夜桜、桜吹雪、名残の花、山桜、八重桜、青柳、桃の花
林檎《りんご》の花、山桜桃《ゆすらうめ》、藤、花水木、鈴懸《すずかけ》の花、山吹、ライラック（リラ）、躑躅《つつじ》、花蘇芳《はなすおう》
雪柳、若緑、蓮華草、チューリップ（鬱金香）、桜草、芝桜、苧環《おだまき》、白詰草（クローバー）

竹の秋
鎮花祭《はなしずめまつり》、どんたく、仏生会《ぶっしょうえ》（灌仏会《かんぶつえ》・花まつり）

◆五月

（基本的には立夏から）
夏来る、夏に入る、夏めく、夏浅し、麦の秋、新緑、万緑《ばんりょく》、青葉若葉、風薫る、薫風
走り梅雨、青葉時雨、若葉冷、青葉寒、青葉潮、青嵐《あおあらし・せいらん》
端午の節供、鯉のぼり、武者人形、菖蒲湯、母の日、麦刈
繭《まゆ》、燕の子、燕の巣
鰹
筍、蕗《ふき》、蚕豆《そらまめ》
菖蒲、卯の花（空木）、桐の花、牡丹、金雀枝《えにしだ》、芍薬《しゃくやく》、石楠花《しゃくなげ》、鈴蘭、けしの花、杜若《かきつばた》
賀茂競馬《かもくらべうま》、出雲祭、神田祭、葵祭《あおいまつり》、三社祭、熱田祭

◆六　月

夏半ば、入梅、白夜、短夜《みじかよ》
梅雨、五月雨《さみだれ》、梅雨晴れ、五月晴れ、黒南風《くろはえ》、梅雨寒、出水《でみず》
早乙女、田植え、早苗田
蛍、かたつむり
鮎
桜桃《おうとう・さくらんぼ》、枇杷、梅の実、桑の実
花橘、山梔子《くちなし》、花菖蒲、紫陽花《あじさい》、紅花《べにばな》、立葵《たちあおい》、石竹《せきちく》、蛍袋、雪の下、どくだみ、浜昼顔
御田植、尾山祭、山王祭

◆七月

盛夏、夏旺ん、炎暑、夏深し
送り梅雨、梅雨明け、白南風《しらはえ》、炎天、日盛、旱《ひでり》、喜雨《きう》、土用波、朝凪《あさなぎ》、夕凪《ゆうなぎ》
雲の峰、夕立、白雨《はくう》、山滴る、夏木立
草取、虫送《むしおくり》、土用干、日向水《ひなたみず》、行水、打ち水、夕涼み、花火、海水浴、金魚売
蝉しぐれ、空蝉《うつせみ》、玉虫、紙魚《しみ》、雷鳥
鱧《はも》、土用鰻、土用蜆
瓜、胡瓜、トマト（赤茄子）、茄子、新牛蒡《ごぼう》、糸瓜《へちま》、紫蘇《しそ》、新生姜、青唐辛子、青山椒《さんしょう》
甜瓜《まくわうり》、巴旦杏《はたんきょう》
百日紅《さるすべり》、沙羅《しゃら》、夾竹桃《きょうちくとう》、夏草、蓮の花、日輪草、ダリア、百合、松葉牡丹、
孔雀草、日日草、夕顔、月下美人、夏萩、撫子《なでしこ》、月見草、浜木綿《はまゆう》、向日葵《ひまわり》、釣忍《つりしのぶ》
富士詣、祇園祭、野馬追《のまおい》、天満祭

◆八　月

（基本的には立夏から）

秋立つ、今朝の秋、初秋、早秋、残暑、新涼《しんりょう》、秋めく、秋涼

行合《ゆきあい》の空、天の川、銀河、星月夜《ほしづくよ》、星明り、初嵐、送り南風《おくりまぜ》

七夕、星祭、七日盆、草の市、中元、迎え火、盆、送り火、大文字、精霊流し

後の藪《やぶ》入り、盆踊り

蜩《ひぐらし》、法師蝉、鈴虫、松虫、邯鄲《かんたん》、鉦叩《かねたたき》、きりぎりす、馬追、轡虫《くつわむし》、残る蛍

冬瓜、隠元豆、馬鈴薯、鳩麦、刀豆《なたまめ》

桃、西瓜

稲の花、木槿《むくげ》、芙蓉《ふよう》、朝顔、桔梗、秋海棠《しゅうかいどう》、藤袴《ふじばかま》、露草、赤まんま

深川八幡祭、吉田の火祭り、盂蘭盆会、施餓鬼《せがき》、万燈会《まんとうえ》、地蔵盆

◆九月

仲秋、秋冷え、冷ゆ、冷やか、爽やか、さやか、さやけし、ひやひや、秋麗《あきうらら》
初月、三日月、待宵《まつよい》、名月、十五夜、満月、望月、良夜《りょうや》、十六夜、立待月、居待月
臥待月、月明かり、月光、宵闇、無月、雨の月、野分《のわき・のわけ》、台風、雁渡し、不知火《しらぬい》　竹の春
風澄む、色なき風、稲妻、秋霖《しゅうりん》
燕帰る、海猫帰る、初鴨
秋蚕《あきご》
太刀魚、鮭、鯔《ぼら》
甘藷《かんしょ》、秋茄子、新大豆、菊芋、玉蜀黍《とうもろこし》、黍《きび》、粟、早稲
金木犀《もくせい》、銀木犀、秋薔薇、柘榴《ざくろ》、野菊、秋桜《こすもす》、紫苑《しおん》、彼岸花（曼珠沙華《まんじゅしゃげ》）、鶏頭《けいとう》
竜胆《りんどう》、花野、八千草
八幡放生会《はちまんほうじょうえ》、秋彼岸会

◆十月

秋晴れ、菊晴れ、天高し、秋高し、秋深し、秋の名残
後の月、十三夜、名残の月、栗名月、豆名月、露寒《つゆさむ》、露時雨、露霜《つゆじも》、野山の錦
刈田、穭田《ひつじだ》
後の更衣、釣瓶落《つるべおと》し、灯火親しむ、秋灯、読書の秋、紅葉狩り、紅葉の賀、立田姫
身に沁《し》む、火恋し、菊合わせ、菊の着綿《きせわた》、後の雛、名残の風炉《ふろ》、芋煮会
雁《かり》渡る、雲居の雁、連雀《れんじゃく》、朱鷺
秋刀魚
新米、小豆、松茸、新蕎麦、松茸、占地《しめじ》、落花生
無花果《いちじく》、柿、栗、金柑、酢橘《すだち》、胡桃《くるみ》、柚子《ゆず》、林檎、早生蜜柑《そうせいみかん》、銀杏《ぎんなん》
紅葉、照葉《てりは》、草紅葉、蔦《つた》紅葉、山装う
菊（翁草）、残菊、晩菊、吾亦紅《われもこう》
神嘗祭《かんなめさい》、時代祭

◆十一月
（基本的には立冬から）

冬浅し、冬めく、小春日和《こはるびより》
時雨《しぐれ》、時雨雲、初霜《はつしも》、凩《こがらし》
亥《い》の子、炉開《ろびらき》、七五三、北窓塞ぐ、霜よけ、風よけ、敷松葉、大根干す、木の葉髪
熊穴に入る、蟷螂《とうろう》枯る、綿虫
柳葉魚《ししゃも》、霜降りかます、
返り花、銀杏落ち葉、冬紅葉、茶の花、山茶花《さざんか》、寒葵《かんあおい》、柊《ひいらぎ》の花、石蕗《つわぶき》の花、八手《やつで》の花
酉の市、新嘗祭

◆十二月

冬半ば、年の内、年の瀬、年の暮、年深し、年惜しむ、行く年、年の夜、除夜
山眠る、名残の空、初雪、初氷、冬日和、御講凪《おこうなぎ》
正月事始め、煤《すす》払い、松迎え、年の市、歳暮、雪囲い、賀状書く、畳替え、暦果つ
数え日、冬至粥、冬至南瓜《かぼちゃ》、柚子湯、注連飾《しめかざ》る、年守る、年越蕎麦
落鱚《おちぎす》、霜月鰈《かれい》、初鰤《ぶり》
冬至梅、ポインセチア、枇杷《びわ》の花
成道会《じょうどうえ》、クリスマス

○引用文献（引用順）

・『日本その日その日』〈2〉Ｅ・Ｈ・モース著　石川欣一訳　平凡社
・『日本奥地紀行』イザベラ・バード著　高梨健吉訳　平凡社
・『大往生』永六輔　岩波書店

○参考文献（著者・編集・監修者　アイウエオ順）

・『美しい日本語季語の勉強―厳選２２５』安部元気・辻桃子著　創元社
・『日本人のしきたり』飯倉晴武編　青春出版社
・『福を招く食と暮らしの七十二候』石倉ヒロユキ著　幻冬舎
・『実見江戸の暮らし』石川英輔著　講談社
・『出雲大社由来略記』出雲大社社務所
・『こころもからだも整う　しきたり十二か月』井戸理恵子著　かんき出版
・『新編和歌の解釈と鑑賞事典』井上宗雄・武川忠一編　笠間書院
・『正月はなぜめでたいか―暮らしの民俗学』岩井宏實著　大月書店
・『日本祝いと祀りのしきたり』岩井宏實著　青春出版社
・『日本の神々と仏』岩井宏實著　青春出版社
・『日本の伝統を読み解く暮らしの謎学』岩井宏實著　青春出版社
・『京のあたりまえ』岩上力著　光村推古書院
・『マンガと絵で見る日本のしきたり便利帳』岩下宣子監修　高田真弓著
・『江戸東京歴史探検〈第一巻〉年中行事を体験する』東京都江戸東京博物館監修　鈴木章生編　中央公論新社
・『講座日本の民俗６「年中行事」』大島健彦編　有精堂
・『陰陽で読み解く日本のしきたり』大峡儷三著　ＰＨＰ研究所
・『暮らしのこよみ歳時記』岡田芳朗著　講談社
・『現代こよみ読み解き事典』岡田芳朗・阿久根末忠編著　柏書房
・『こよみ～現代に生きる先人の知恵～』岡田芳朗著　神社新報社
・『年中行事読本』岡田芳朗・松井吉昭著　創元社
・『日本の歳時伝承』小川直之著　アーツアンドクラフツ
・『覚えておきたい日本の童謡・唱歌名曲５０選』長田暁二監修　樂書館
・『神道用語の基礎知識』鎌田東二編著　角川書店
・『しきたりの日本文化』神崎宣武著　角川学芸出版
・『「まつり」の食文化』神崎宣武著　角川書店
・『神社の教え』神田明神編著　小学館
・『江戸衣装図鑑』菊地ひと美著　東京堂出版
・『守貞謾稿』第四巻　喜多川守貞著　朝倉治彦・柏川修一編　東京堂出版
・『二十四節気の暮らしを味わう日本の伝統野菜』木村正典著　ジービー
・『鳩居堂の日本のしきたり豆知識』鳩居堂監修　マガジンハウス
・『あさくさかんのん　図説浅草寺―今むかし―』金龍山浅草寺編集発行
・『和歌鑑賞辞典』窪田章一郎・藤平春男・山路平四郎編　東京堂出版
・『人生儀礼事典』倉石あつ子・小松和彦・宮田登編　小学館
・『季節の中の神々歳時民俗考』小池淳一著　春秋社
・『日本の作法としきたり四季の行事と冠婚葬祭　その由来と常識』近藤珠實著　ＰＨＰ研究所
・『稲の日本史』佐藤洋一郎著　角川学芸出版
・『節供の古典―花と生活文化の歴史』桜井満著　雄山閣出版
・『三省堂名歌名句辞典』佐佐木幸綱・復本一郎編　三省堂
・『大切にしたい、にっぽんの暮らし。』さとうひろみ著　サンクチュアリ出版
・『祝祭日の研究―「祝い」を忘れた日本人へ』産経新聞取材班　角川書店
・『現代冠婚葬祭辞典』三省堂企画編集部編　三省堂
・『なごみ歳時記―もっと！暮らしたのしむ』柴崎あづさ著　永岡書店
・『知っておきたい日本のしきたり～大切にしたい和の暮らし～』渋谷申博著　日本文芸社
・『たべもの語源辞典』清水桂一編　東京堂出版
・『美しい日本語の辞典』小学館辞典編集部編　小学館
・『神社のいろは』神社本庁監修　扶桑社
・『神社のいろは要語集祭祀編』神社本庁監修　扶桑社
・『日本を知る「しきたり」「礼法」の基礎知識』新人物往来社
・『おうちで楽しむ季節の行事と日本のしきたり』新谷尚紀監修　マイナビ
・『知れば納得！暮らしを楽しむ12ヶ月のしきたり』新谷尚紀監修　ＰＨＰ研究所
・『日本人の縁起かつぎと厄払い』新谷尚紀著　青春出版社

- 『日本人の禁忌』新谷尚紀著　青春出版社
- 『日本人の春夏秋冬』新谷尚紀著　小学館
- 『日本人はなぜそうしてしまうのか』新谷尚紀著　青春出版社
- 『日本の「行事」と「食」のしきたり』新谷尚紀著　青春出版社
- 『日本のしきたりがわかる本』新谷尚紀監修　主婦と生活社
- 『和の暮らし大事典』新谷尚紀編　学習研究社
- 『和のしきたり日本の暦と年中行事』新谷尚紀監修　日本文芸社
- 『日本名句辞典』鈴木一雄・外山滋比古編　大修館書店
- 『江戸っ子歳時記』鈴木理生著　三省堂
- 『暮らしの生かす旧暦ノート』鈴木充広著　河出書房新社
- 『ポイントがよくわかる冠婚葬祭のマナー』世界文化社
- 『荊楚歳時記』宗懍著　守屋美都雄訳　平凡社
- 『江戸ごよみ十二ヶ月』高橋達郎著　人文社
- 『知っておきたい日本の神様』武光誠著　角川学芸出版
- 『知っておきたい日本の仏教』武光誠著　角川学芸出版
- 『日本の風習つい喋りたくなる謎話』武光誠著　青春出版社
- 『神様が教えてくれる幸運の習慣』田中恆清著　幻冬舎
- 『神道のちから』田中恆清著　学研パブリッシング
- 『年中行事事典』田中宣一・宮田登編　三省堂
- 『まるかじり礼儀作法有職故実から暮しのマナーまで』丹波元著　PHP研究所
- 『日本人が忘れた季節になじむ旧暦の暮らし』千葉望著　朝日新聞出版
- 『「国民の祝日」の由来がわかる小事典』所功著　PHP研究所
- 『〈図説〉面白くてためになる！日本のしきたり』永田美穂著　PHP研究所
- 『新・佛教辞典』中村元監修　誠信書房
- 『日々の歳時記今日という日がわかる』夏生一暁編著　PHP研究所
- 『杓底の残水』縄田國武著　文芸社
- 『年中行事辞典』西角井正慶編　東京堂出版
- 『季語季題よみかた辞典』日外アソシエーツ　紀伊國屋書店
- 『日本の伝統文化・芸能事典』日本文化いろは事典プロジェクトスタッフ著　汐文社
- 『図解日本のしきたりがよくわかる本』日本の暮らし研究会著　PHP研究所
- 『日本人の「しきたり」ものしり辞典』樋口清之監修　大和出版
- 『樋口清之の雑学おもしろ歳時記』樋口清之著　三笠書房
- 『東京風俗志』〈中〉平出鏗二郎著　富山房
- 『ほんとうの「和」の話』広田千悦子著　文藝春秋
- 『日本の年中行事辞典』福田アジオ他著　吉川弘文館
- 『日本民俗大辞典』〈上・下〉福田アジオ他編　吉川弘文館
- 『日本人が大切にしてきた季節の言葉』復本一郎著　青春出版社
- 『神社と神様がよ〜くわかる本』藤本頼生著　秀和システム
- 『旧暦で楽しむ日本の四季二十四節気と七十二候』別冊宝島編集部編　宝島社
- 『日本人の一生』牧田茂著　講談社
- 『暦のある暮らし旧暦で今を楽しむ』松村賢治監修　大和書房
- 『新修日本抒情詩歌』丸野彌高・古関吉雄・服部佑吉・八角真編　桜楓社
- 『イラストでよくわかる日本のしきたり』ミニマム＋BLOCKBUSTER著　彩図社
- 『図説子どもに伝えたい日本のしきたり』三橋健著　家の光協会
- 『早わかり世界史』宮崎正勝著　日本実業社
- 『江戸歳時記』宮田登著　吉川弘文館
- 『冠婚葬祭』宮田登著　岩波書店
- 『暮らしと年中行事』宮田登著　吉川弘文館
- 『正月とハレの民俗学』宮田登著　大和書房
- 『ふるさとの生活』宮本常一著　講談社
- 『民間暦』宮本常一著　講談社
- 『日本人なら知っておきたい図解神道としきたり事典』茂木貞澄監修　PHP研究所
- 『年中行事覚書』柳田國男著　講談社
- 『ニッポンの縁起食なぜ「赤飯」を炊くのか』柳原一成・柳原紀子著　NHK出版
- 『日本人なら知っておきたい季節の慣習と伝統』山藤基央著　講談社
- 『陰陽五行と日本の民俗』吉野裕子著　人文書院
- 『逝きし世の面影』渡辺京二著　平凡社

等

日本のしきたり 和のこころ

著　者　辻川　牧子
発行者　真船美保子
発行所　KKロングセラーズ
〒169-0075 東京都新宿区高田馬場2-1-2
電　話　03-3204-5161㈹
http://www.kklong.co.jp

印刷　中央精版印刷㈱　　製本　㈱難波製本

ISBN978-4-8454-5001-5

Printed in japan 2016